W0247723

Alles vom

SCHWEIN

Carol Wilson &
Christopher Trotter

Alles vom
SCHWEIN

Rezepte und mehr rund ums Schwein

h.f.ullmann

Die Idee zu diesem Buch entstand bei Gesprächen mit
Christopher Trotters Schwiegervater Richard Bilton – dessen Andenken
dieses Buch gewidmet ist –, der Schweine sehr mochte, selbst
Schinken pökelte und Würste herstellte.

Gewidmet meinem viel geliebten verstorbenen Ehemann Gordon, der das fertige Buch leider nicht mehr gesehen hat, für seine Ermutigung und Unterstützung. Und meinem viel gereisten Sohn Ivan, der hilfreiche Informationen über osteuropäische (besonders serbische) Schweinefleischspezialitäten beisteuerte.

© Pavilion Books
Originaltitel: *The whole hog. Recipes & Lore for
    Everything but the Oink*
ISBN 978-1-86205-861-3

Design und Layout Copyright © Pavilion Books
Texte Copyright © Carol Wilson & Christopher
    Trotter
Fotografien Copyright © Diana Miller/Pavilion, außer
    S. 11, 14–15 und 86–87 (siehe Bildnachweis unten)
Schweine-Illustrationen Copyright © Murdo Culver
First published in Great Britain by Pavilion
An imprint of Pavilion Books Company Limited,
1 Gower Street, London, WC1E 6HD

The moral right of the authors has been asserted.

All rights reserved. No part of this publication may be reproduced, stored in a retrieval system, or transmitted in any form or by any means electronic, mechanical, photocopying, recording or otherwise, without the prior written permission of the copyright owner.

Bildnachweis
S. 11: © The Art Archive/Alamy
S. 14–15: © Tim Pannell/Corbis
S. 86–87: © imagebroker/Alamy

Herausgeberin: Anna Cheifetz
Grafikdesign: Georgina Hewitt
Redaktionsleitung: Katie Deane

Lektorin: Barbara Dixon
Korrektorat: Caroline Curtis
Rezepttesterin: Maggie Ramsay
Register: Sandra Shotter
Fotografie: Diana Miller
Fotoassistentin: Danielle Wood
Ökotrophologin: Debbie Miller
Foodstylist: Wei Tang
Illustrator: Murdo Culver

© für diese deutsche Ausgabe: h.f.ullmann
    publishing GmbH

Übersetzung aus dem Englischen: Katrin Höller/
    writehouse, Köln
Lektorat: Anke Hennek/All you can read,
    Königswinter, für writehouse
Satz: InterMedia, Ratingen, für writehouse

Gesamtherstellung: h.f.ullmann publishing GmbH,
    Potsdam

Printed in Slovenia, 2016
ISBN 978-3-8480-0803-2

10 9 8 7 6 5 4 3 2 1
X IX VIII VII VI V IV III II I

www.ullmann-publishing.com
newsletter@ullmann-publishing.com
facebook.com/hfullmann
twitter.com/hfullmann

Inhalt

Die Rezepte

Einleitung

Das Schwein, ein legendäres und überaus faszinierendes Geschöpf, wurde im Lauf der Geschichte phasenweise verehrt, aber auch geschmäht. Oft gänzlich falsch als gierig, faul und schmutzig dargestellt, hat das Schwein bis heute nach und nach eine prominentere und auch angenehmere Rolle in der Populärkultur eingenommen.

Runde, fröhliche Schweinchen tauchen als liebenswerte Charaktere in Abzählreimen, Filmen und Kinderbüchern auf, von den *Drei kleinen Schweinchen* über *Ein Schweinchen namens Babe* bis zu *Rennschwein Rudi Rüssel*. Schweine kommen in der Kunst vor und in der Werbung; es gibt sie als Ornamente und als Sparschweine. Trotz ihrer ansprechenden runden, schweineähnlichen Form wurden Sparschweine übrigens gar nicht nach dem Tier benannt: Im Mittelalter stellte man Gefäße aus einem Ton namens „pygg" her. Man bewahrte darin Salz auf – oder Münzen. Später ging man dazu über, die Behälter selbst 'pygg' zu nennen, auch als sie ab dem 18. Jahrhundert gar nicht mehr aus Ton bestanden, sondern aus Keramik. Im 19. Jahrhundert passten dann englische Töpfer die Form des Gefäßes seiner Bezeichnung an: Aus „pygg" wurde „piggy bank", eine Spardose in Form eines Schweins, was besonders Kindern gefiel. In den Niederlanden und Deutschland ist das Schwein außerdem ein Glückssymbol – in Deutschland verschenkt man zu Silvester gern Marzipanschweine, um Glück für das neue Jahr zu wünschen.

Bei den Kelten wurden Schweine mit der Anderswelt in Verbindung gebracht (der Herr der Anderswelt wurde meist mit einem Schwein über der Schulter dargestellt) und mit den Festen der Toten; Letztere standen für Überfluss. Schweinehirten galten als Zauberer: In der irischen Folklore konnten sie von der Anderswelt in unsere Welt hinüberwechseln und umgekehrt.

Das **Abziehen** von Eicheln, um damit Schweine zu mästen, spielte früher bei der Tierhaltung eine wichtige Rolle. In vielen mittelalterlichen Manuskripten ist dies bildlich dargestellt.

Schweine haben sogar ihren eigenen Schutzheiligen: den heiligen Antonius, auch Antonius der Große genannt, ein christlicher Mönch aus dem Ägypten des 2. Jahrhunderts, der einen Teil seines Lebens als Einsiedler in der Wüste verbrachte. Antonius ist auch der Patron der Schweinehirten und Schweinebauern. Er wird meist zusammen mit einem Schwein dargestellt. Diese Verbindung entstand über Umwege: Zu jener Zeit wurden manche Hautkrankheiten mit Schweinefett behandelt, dem Kräuter beigegeben waren, um Entzündungen und Juckreiz zu lindern. Antonius soll solche Krankheiten geheilt haben – daher seine häufige Darstellung mit einem Schwein. Menschen, die diese Bilder sahen, glaubten daher an einen direkten Zusammenhang zwischen Antonius und den Schweinen. Aus diesem Grund wurde er von allen, deren Arbeit mit Schweinen zu tun hat, zu ihrem Schutzpatron erkoren.

„Schwein" kommt übrigens vom althochdeutschen „swin", was sich auch im englischen *swine*, im niederländischen *zwijn*, im schwedischen *svin* usw. erhalten hat. „Sus" ist die lateinische Gattungsbezeichnung der Schweine, von der sich unser Wort „Sau" ableitet.

DAS HAUSSCHWEIN

Das Hausschwein ist das wohl nützlichste Tier der Welt. Es stammt vom Wildschwein ab und wurde vor rund 9000 Jahren im Vorderen Orient erstmals domestiziert. Schriftliche Quellen belegen außerdem, dass Schweine in China schon um 5000 v. Chr. gezüchtet wurden.

Die alten Ägypter hielten und aßen Schweine; ihren Gott Seth stellten sie manchmal mit einem Schweinekopf dar. Auch im antiken Griechenland hielt man Schweine und servierte bei Festessen Schweinefleisch, doch erst die Römer perfektionierten die Schweinezucht sowie das Garen und Pökeln des Fleischs. Schweinefleisch war in Rom so beliebt, dass man es aus dem wildschweinreichen Gallien importieren musste.

Neuere Forschungen der Durham University, England, zeigen, dass die Hausschweine mit Steinzeitbauern aus dem Orient nach Europa kamen. Laut Studien der Universitäten Oxford und Durham gab es die ersten europäischen Hausschweine um 1500 v. Chr. in Zentraleuropa sowie im heutigen Deutschland und Italien, um 800 v. Chr. dann auch in Großbritannien.

Überall, wo Schweine gehalten werden, spielten und spielen sie für die Wirtschaft eine große Rolle, obwohl einige Religionen den Konsum von Schweinefleisch verbieten: Juden, Moslems, Siebenten-Tags-Adventisten und Rastafaris dürfen kein Schweinefleisch essen, weil Schweine als unrein gelten.

Tatsächlich sind Schweine aber von Natur aus saubere, freundliche, soziale und intelligente Tiere, die sogar eine Sprache besitzen, in der sie mit rund 40 verschiedenen Ausdrücken kommunizieren können. Da sie keine Schweißdrüsen haben, vertragen sie keine Hitze und wälzen sich zur Abkühlung im Wasser oder Schlamm – das hat ihnen ihren wenig glücklichen Ruf als „dreckige Schweine" eingebracht. Schweine sind leicht zu halten und sehr produktiv: Ihre Tragzeit beträgt nur 4 Monate, und eine Sau wirft durchschnittlich 10 Ferkel, manchmal mehr. Kleine Schweine wachsen unglaublich schnell: In nur 6 Monaten kann ein 1,2 kg schweres Ferkel sein Gewicht um erstaunliche 5000 Prozent steigern.

Früher war es in Europa üblich, mindestens ein Schwein zu besitzen – egal, ob in der Stadt oder auf dem Land. Das Tier galt fast als Familienmitglied; sein Verlust war eine Tragödie. In manchen Gegenden wurden Vereine gegründet, deren Mitglieder Anteile an einem Schwein erwarben. Mit dem Geld wurden Unterhalt und Tierarztrechnungen bezahlt. Wurde das Schwein geschlachtet, teilte man das Fleisch zwischen den Mitgliedern auf.

Das Schwein galt schon immer als ein sehr wertvolles Tier. Sein Dung wurde zum Düngen genutzt, und nach der Schlachtung konnten alle Teile – vom Schwänzchen bis zu den Füßen – verwertet werden: Aus Fleisch, Innereien, Blut und Fett bereitete man Nahrungsmittel zu; die Borsten wurden in Form von Bürsten genutzt; aus der Haut fertigte man Schilde, Sättel, Taschen sowie Schuhe – heutzutage u.a. Hunde-

Beißknochen oder Uhrenarmbänder. Aus den Knochen machte man früher Spielwürfel, Werkzeuge und Waffen; heute werden daraus Gelatine und Leim hergestellt.

In Frankreich, vor allem im Périgord, werden Schweine auch noch aus einem anderen Grund geschätzt: Sie werden darauf abgerichtet, im Boden nach den wertvollen (und teuren) Trüffeln zu suchen. Ein erfahrenes Schwein kann die unsichtbaren Trüffel aus 6 Metern Entfernung „erschnüffeln". Nur Sauen verrichten diese Arbeit, da Trüffel ähnlich duften wie Eber und dieser Duft die Sauen anzieht.

Das Schwein ist ein Allesfresser, sodass es auch in kleinbäuerlicher Haltung gerne Abfälle und alles, was es finden kann, frisst oder im Wald nach Eicheln, Haselnüssen, Kastanien, Bucheckern, Wildfrüchten und Beeren sucht. Schweine haben starke Schnauzen und scharfe Zähne, mit denen sie Pilze, Knollen, Wurzeln und Larven ausgraben können. Ihre hoch entwickelten Hör-, Riech- und Tastsinne entschädigen sie für ihr schlechtes Sehvermögen.

Im englischen *Domesday Book* wurden Waldgebiete danach bemessen, wie viele Schweine dort genug zu fressen fanden. Im mittelalterlichen England erhielten Schweinehirten „pannage" – das Recht, ihre Schweine zwischen Mittsommer und dem 15. Januar in königlichen Gehölzen weiden zu lassen. Das Beringen von Schweinen (das das tiefe Graben bei der Futtersuche behinderte und so die Schäden an jungen Bäumen verringerte) wurde Gesetz; Zuwiderhandlungen wurden bestraft. In der englischen Grafschaft Hampshire durften Schweine im New Forest auf Futtersuche gehen; das Hampshire-Schwein wurde berühmt für die Qualität seines Fleischs, aus dem exzellenter Speck und Schinken gemacht wurden.

Als Ergebnis vieler Zuchtkreuzungen im Verlauf der Zeit gibt es heute zahllose Schweinerassen. Heutige Schweine unterscheiden sich sehr von ihren Vorfahren: Diese waren kleiner, hatten eine längere Schnauze, einen höheren Rücken, einen gerade Schwanz, längere Borsten und stärkere Knochen. Schwere Schweine wurden (und werden) traditionell speziell für die Speck-, Schinken- und Wurstherstellung gezüchtet.

Nächste Doppelseite: Barcelona/Spanien: In einer Reihe aufgehängte Schinken, von denen erst vor dem Servieren Scheiben abgeschnitten werden.

DAS JÄHRLICHE SCHLACHTEN

Noch bis ins 20. Jahrhundert (bis zum Aufkommen von Kühlschränken) wurden traditionell den ganzen Herbst und Winter hindurch Schweine geschlachtet, nachdem sie im Sommer gemästet worden waren. Man schlachtete nicht alle auf einmal, sondern immer nur ein paar, um so ab dem Herbst einen permanenten Fleischvorrat zu haben. So viel Fleisch wie möglich wurde durch Einsalzen, Trocknen oder Räuchern haltbar gemacht, damit es bis zum Folgejahr reichte. Mit einem ganzen oder halben Schwein konnte man außerdem die Miete, den Arzt oder die Rechnung des Kaufmanns bezahlen.

Das gemeinschaftliche Schweineschlachten war ein Anlass zum Feiern – in manchen ländlichen Gegenden und Bergdörfern in Europa ist es bis heute ein gesellschaftliches Ereignis. In Ungarn kommen Tausende zum größten jährlichen Schlachtfest des Landes in das Dorf Napkor an der ukrainischen Grenze. In Spanien heißt das herbstliche Schweineschlachten *la matanza*. Im südspanischen Andalusien feiert man mit *fiestas* den neuen Vorrat an leckeren *morcillas* (Blutwürsten), Schinken und Würstchen. Im ländlichen Frankreich treffen sich Familie und Freunde zum Schweineschlachten. Dort kennt man den Ausdruck „*Tout est bon dans le cochon!*" – „Alles vom Schwein ist gut!"

Illuminierte mittelalterliche Handschriften zeigen winterliche Schweineschlachtungen: Ein Experte (meist ein Metzger) wurde zum Schlachten herbeigerufen. Das Blut des Schweins wurde in einer großen Wanne aufgefangen und zur Blutwurstherstellung verwendet. Unterdessen wurde das Schwein abgesengt und glatt geschabt; die Innereien wurden entfernt, sortiert und für den sofortigen Verzehr gesäubert, denn sie eignen sich nicht zum Pökeln.

War das geschlachtete Schwein abgekühlt, wurde
es auf einen Tisch gelegt und in die gewünschten
Teile geschnitten. Kopf, Schwanz und Füße,
die ebenfalls nicht gepökelt werden können,
wurden gereinigt und mit Zwiebeln, Kräutern,
Gewürzen und Essig gekocht, bis das Fleisch
von den Knochen fiel. Es wurde dann zu einer
Paste zerstoßen oder fein gehackt und mit
der wohlschmeckenden Gelatine, die aus dem
Kochsud entstand, zu Schweinskopfsülze verarbeitet.
Diese hielt sich nicht lange und musste daher innerhalb
weniger Wochen verzehrt werden.

Die restlichen Teile des Schweins wurden auf verschiedene Weise
konserviert, damit sie den langen, dunklen Winter hindurch genießbar
blieben. Die Seiten, Schultern und Schinkenstücke wurden sorgfältig mit
Salz eingerieben und in große Fässer und Wannen gelegt. Am nächsten
Tag wurden sie herausgenommen, gewaschen und noch einmal mit Salz
eingerieben, dann mit einem Gewicht beschwert erneut gelagert, sodass
sich eine Lake bildete, die das Fleisch für viele Monate konservierte.
Manche Stücke wurden nach einigen Wochen entnommen und geräuchert,
entweder in einer Räucherei oder einfach in einem normalen Kamin.

Frisches Schweinefleisch aß man nur in den Tagen direkt nach der
Schlachtung. Delikatessen wie das gebratene Rippenstück oder die Keule
wurden im Allgemeinen nur von der reichen Oberschicht gegessen. Die meisten
Menschen aßen konserviertes Schweinefleisch in all seinen Variationen.

Das Fett wurde in Stücke geschnitten und zum Braten ausgelassen. Die
verbleibenden kleinen Stücke des Fetts und Fleischs wurden fein gehackt, in
Därme gefüllt, in Salz gepökelt und geräuchert – fertig waren die Würste.

WURST, SCHINKEN UND TERRINEN

Schweinefleisch, sowohl frisches als auch gepökeltes, wird schon seit Langem zu einer großen Vielfalt an feinen Produkten verarbeitet, darunter Speck, Schinken, Pasteten, Terrinen, Confits, Rillettes, Würste, Salami und Blutwurst. Die Kunst der *charcuterie* (vom Französischen *chair cuite*, gekochtes Fleisch) war zunächst nur eine Methode, Fleisch zu konservieren.

Im alten Rom war das Pökeln von Fleisch allgemeiner Usus, der sich in Folge im ganzen Römischen Reich verbreitete.

Der gekonnte und wohldosierte Einsatz von Salz, Kräutern und Gewürzen hat seither eine Vielzahl an Delikatessen hervorgebracht, vor allem in Italien, Spanien und Frankreich.

Im Frankreich des 15. Jahrhunderts waren die *charcutiers* jeder Stadt in Zünften organisiert. Die Mitglieder stellten ein Sortiment an gekochten, gesalzenen oder getrockneten Wurstwaren her, das von Region zu Region variierte. Das einzige unverarbeitete Fleischprodukt, das sie verkaufen durften, war Schmalz.

EINE REICHE KULINARISCHE TRADITION

Schweinefleisch ist immer noch eine der beliebtesten Fleischsorten in vielen europäischen Ländern (darunter in Dänemark, wo es so viele Schweine wie Menschen gibt). Dies führte zu einer enormen Bandbreite an Gerichten und Spezialitäten sowohl aus frischem als auch aus gepökeltem Schweinefleisch. Europa hat eine reiche kulinarische Tradition äußerst schmackhafter Schweinefleischprodukte: aromatische Würste und Salamis aus Deutschland, Polen, Frankreich, Italien und Spanien; Blutwurst aus Frankreich, Italien, Spanien, Großbritannien und Irland; eine riesige Auswahl an Schinken mit intensivem, lang anhaltendem Geschmack und sehr wohlschmeckendem Fett, z.B. *jamón ibérico*, Parmaschinken und Ardenner Schinken; und die berühmten englischen Schweinefleischpasteten.

DIE TEILSTÜCKE

Das richtige Fleisch wählen

Heute können wir das ganze Jahr über frisches Schweinefleisch genießen, und die weltweite Nachfrage steigt stetig an. Beim Fleischkauf ist es jedoch wichtig, Fleisch von frei laufenden Schweinen, Biofleisch oder Fleisch seltener Rassen zu wählen.

Biofleisch und Fleisch von frei laufenden Schweinen stammt von zufriedenen Tieren, die an frischer Luft und mit natürlichem Futter aufwachsen. Alte, traditionelle Rassen, die heute als selten gelten, werden wieder zunehmend öfter gehalten. Diese Schweine leben draußen und wachsen langsam heran, ohne Wachstumsförderer, Hormone oder Antibiotika. Die steigende Beliebtheit traditioneller Rassen wie Schwäbisch-Hällisches Landschwein, Buntes Bentheimer Schwein, Berkshire oder Gloucester Old Spot liegt an der Qualität des Fleischs: Es ist feinfaserig, saftig und voll im Geschmack, weil die Tiere sich beim Wachsen länger Zeit lassen dürfen als die Rassen aus Intensivtierhaltung.

Große Veränderungen bei der Schweinefleischproduktion haben dazu geführt, dass die Schweine in großen Ställen direkt am Schlachtbetrieb gehalten werden. Diese unglücklichen Tiere verbringen ihr Leben ohne Tageslicht und auf Lattenböden ohne Stroh – dies unterbindet das Ausleben ihres natürlichen Instinkts, nach Nahrung zu wühlen. Sie werden im Fließbandbetrieb geschlachtet. Ihr Fleisch ist nicht das beste; es ist mager, trocken und geschmacklos. Das Halten von Zuchtsauen als „Gebärmaschinen" in kleinen Kastenständen, in denen sie sich nicht einmal umdrehen können, ist seit 2013 in der gesamten EU verboten, wird aber vielfach noch praktiziert.

SCHWEINEFLEISCH KAUFEN UND LAGERN

Manche Fleischproduzenten injizieren Wasser und Zusatzstoffe in ihre Koteletts, um „die Feuchtigkeit zu erhalten und die Verzehrqualität zu verbessern". Als Konsequenz hat das gegarte Fleisch eine unschöne weiche Konsistenz und wenig Geschmack. Es ist daher wichtig, das Etikett zu lesen, wenn Sie Fleisch im Supermarkt kaufen, oder Ihren Metzger zu fragen, ob sein Fleisch zu 100 Prozent Schweinefleisch ist.

Beim Kauf sollte das Fleisch rosa und feinfaserig sein, mit festem weißem Fett. Braten, Koteletts und Steaks halten sich gekühlt 2–3 Tage. Schweinehackfleisch und Innereien sollten noch am gleichen Tag verzehrt werden.

Schweinefleisch kann eingefroren werden. Damit Schäden am Gewebe minimiert werden, sollte es schnell eingefroren und innerhalb von 6 Monaten aufgebraucht werden. Es sollte abgedeckt im Kühlschrank auftauen und vor dem Garen Zimmertemperatur annehmen können.

Die verschiedenen Teilstücke eignen sich für verschiedene Garmethoden. Dies wird für jedes Stück auf den nächsten Seiten beschrieben. Für alle Stücke gilt: Schweinefleisch wird nie rosa oder nur halb durchgegart serviert.

DIE VERSCHIEDENEN TEILSTÜCKE

Die verschiedenen Teilstücke des Schweins haben je nach Herkunftsland oder sogar -region verschiedene Bezeichnungen. Im Folgenden können nicht alle Bezeichnungen und ihre regionalen Variationen genannt werden, aber aus Sicht des Metzgers wird das Schwein immer grob in 4 Hauptstücke zerteilt:

SCHULTER

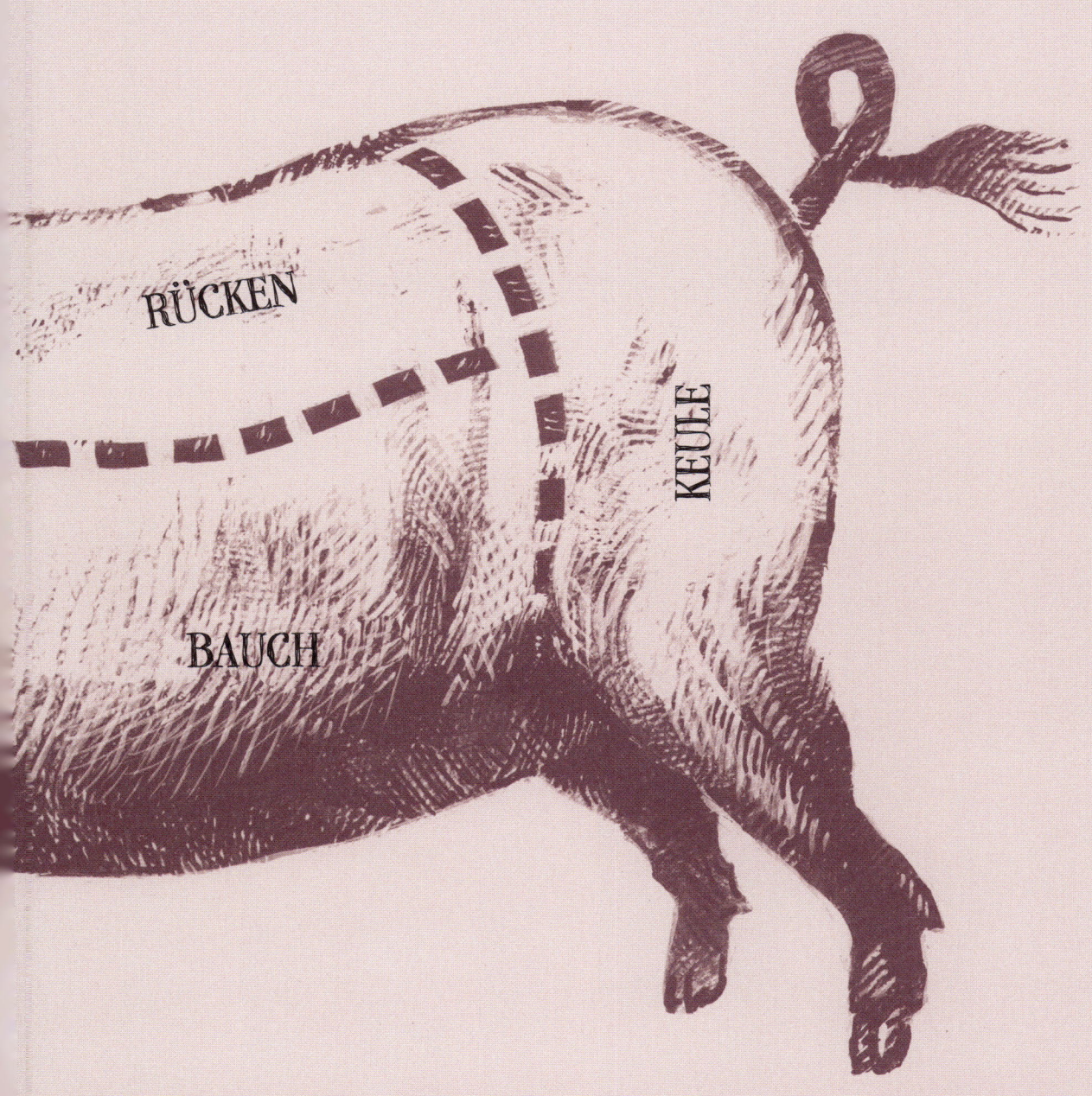

Schweinebauch kommt von der Unterseite des Schweins und ist relativ fett. Es gibt ihn in Scheiben ohne Knochen oder als Schweinebauch am Stück, mit oder ohne Knochen – ein günstiges Stück zum Grillen oder Braten. Wenn man das Fett mit Salz einreibt, mit einem scharfen Messer einritzt und das Fleisch langsam brät, ergibt das ein wunderbar zartes, saftiges Fleischstück mit einer knusprigen Kruste. Große Bratenstücke können entbeint, gerollt und gefüllt werden, Bauchscheiben gegrillt oder gebraten. Beim berühmten chinesischen „roten Fleisch" wird Schweinebauch behutsam geschmort; beim klassisch-amerikanischen Gericht „Pork and Beans" wird er langsam mit Tomaten, weißen Bohnen, Gewürzen und Sirup gegart.

Das **Schäufele** liegt direkt am Schulterblatt, kommt also von der Schulter/dem oberen Stück des Vorderbeins und wird am Knochen gebraten. *Grillades* ist die französische Bezeichnung für dünne, in Fächerform geschnittene Steaks aus der Schulter, die gegrillt werden.

Koteletts kommen aus dem gesamten Rücken, vom Nacken bis zur Lende des Schweins. Sie können gebraten, gegrillt, geschmort oder im Ofen gebacken werden (siehe S. 73). In Osteuropa serviert man Koteletts mit Sauerkraut (siehe S. 186). In Spanien sind *chuletas* Rückenkoteletts, während *costillas* entweder Koteletts oder Spareribs sein können.

Teilstücke:
1. Schäufele (aus der Schulter)
2. Koteletts
3. Schweinebauch

Teilstücke:
1. Filet
2. Keule
3. Rücken
4. Rippenstück
   (Karree)

Gulasch wird meist aus der Schulter geschnitten und am besten langsam geschmort, da es zäh sein kann. Ein mageres Gulasch kann man aus der Keule selbst schneiden. Der traditionelle „bosnische Topf" *(bosanski lonac)* ist seit Generationen bei Arm und Reich gleichermaßen beliebt: Schweinefleisch und verschiedene Gemüse werden in einem großen Topf mit Wasser, Brühe oder Wein geschmort – früher auf der Feuerstelle oder in einem Erdofen. *Ciorba* („saure Suppe") ist eine rumänische Spezialität, bei der dem Fleisch Zwiebeln, Gewürze, etwas Essig und Sauerrahm beigegeben werden.

Das **Filet** aus dem hinteren Teil des Rückens ist mager und ideal als (gefüllter) Braten. In Scheiben kann es gegrillt, gebraten oder geschmort werden. Geräuchertes Filet wie *polędwica* ist eine osteuropäische Spezialität.

Die **Keule** ist mager sowie zart und eignet sich mit oder ohne Knochen als Braten. Sie kann langsam bei niedriger Hitze oder rasch bei höheren Temperaturen gebraten werden. Die Steaks können gegrillt oder gebraten und für Pfannengerichte in dünne Streifen geschnitten werden. Für ein

beliebtes Gericht aus Peru, *jamón del país*, wird eine entbeinte, gerollte Keule in einer Würzmischung mariniert und in Brühe zart gegart, danach in heißem Schmalz gebräunt und in Scheiben mit Reis oder Kartoffeln serviert.

Der **Rücken** umfasst den **Kamm (Nacken)** den **Rückenspeck** und den **Kotelettstrang**. Die verschiedenen Zuschnitte können langsam bei niedriger Hitze oder rasch bei höheren Temperaturen gebraten werden. Die Schwarte kann mit einem scharfen Messer eingeschnitten werden und wird so goldbraun und knusprig. In Italien und Spanien gart man das Rückenstück gern im Ofen in Milch, sodass es wunderbar zart wird. Auf Spanisch heißt es *lomo*; *lomo adobado* ist die gepökelte Variante. *Kasseler Rippchen* (gepökeltes und geräuchertes Rückenfleisch) ist ein bekanntes deutsches Gericht, das aus der Stadt Kassel stammen soll.

Das **Rippenstück (Karree)** ist ein Stück aus dem Rücken mit Rippen, die dekorativ vom Fleisch befreit wurden.

1

Teilstücke:
1. Spareribs
2. Schulter

Der **Bug (die Schulter)** ist recht fett und kann mit oder ohne Knochen als Braten zubereitet oder geschmort werden. Als Braten muss sie lange und bei niedriger Hitze gegart werden, wodurch sie zart und saftig wird. Ein Schulterrollbraten ist saftig und aromatisch; er wird zu einem einheitlich dicken Stück zusammengebunden und gart so gleichmäßig. Geräucherte Schulter findet man oft im polnischen Nationalgericht *bigos* (siehe S. 193).

Spareribs, die Rippen aus dem Schweinebauch, können in einzelne Rippchen getrennt und gegrillt oder gebraten werden. Geräuchertes Rippenfleisch ist Hauptbestandteil der *żurek*, einer polnischen Roggenmehl-Suppe. Gegrillte Rippchen sind in ganz Europa, Nordamerika und Teilen Asiens beliebt und werden vor dem Garen häufig in eine süß-würzige Marinade gelegt (siehe S. 76). Stielkoteletts sind groß, fleischig und fein mit Fett marmoriert. Sie müssen länger gegart werden als Lendenkoteletts und sind ideal für Schmortöpfe.

Steaks stammen aus Nacken, Rücken, Hüfte oder Filet. Die knochenlosen, zarten und saftigen Stücke werden am besten gegrillt oder gebraten.

WILDSCHWEIN

Das Wildschwein ist der Vorfahre des Hausschweins. Wegen seiner wuchtigen, grimmigen Gestalt, den dichten Borsten und starken Hauern stand das Wildschwein früher in ganz Europa für Tapferkeit und Furchtlosigkeit. Das Bild eines Wildschweinkopfs symbolisierte einen mutigen, bis zum Tode kämpfenden Krieger.

Ein Wildschweinkopf war außerdem ein Symbol für Gastfreundschaft. Dies geht auf den römischen Brauch zurück, bei großen Festen einen Wildschweinkopf aufzutischen. Noch immer haben viele Gasthäuser ein Wildschwein als Emblem. Im mittelalterlichen England gab es einen Wildschweinkopf als Weihnachtsessen. Je nach Reichtum des Gastgebers waren diese Weihnachtsfeste extravagante Ereignisse (das Wort „Bankett" kam erst später auf). Das Weihnachtsfestessen Richards II. soll an jedem der traditionellen zwölf Weihnachtstage 10.000 Menschen verköstigt haben. Am Weihnachtstag wurde zu Fanfarenklängen und gesungenen Weihnachtsliedern ein Wildschweinkopf zu Tisch getragen – mit Aspik überzogen, mit Kräutern und Blättern geschmückt, die Hauer mit Blattgold versehen.

Den Wildschweinkopf dekorierte man außerdem mit komplizierten, mit der Spritztülle aufgebrachten Ornamenten aus Schmalz sowie fein gehackter Gelatine, die aus gekochten Knochen und Schlachtabschnitten gemacht wurde.

Die Wildschweinjagd war beim gesamten europäischen Adel ein beliebtes Freizeitvergnügen. In Großbritannien war das Wildschwein dadurch am Ende des 14. Jahrhunderts ausgestorben. John of Gaunt (1340–1399), der vierte Sohn Eduards III., soll bei Stye Bank in Yorkshire das letzte Wildschwein erlegt haben. Wildschweine wurden vom Kontinent aus abermals in Großbritannien eingeführt, waren aber im 17. Jahrhundert erneut ausgestorben.

Wildschweine streifen noch immer durch die Wälder Italiens und Frankreichs, wo sie als Wild gejagt werden. In Frankreich ist die Jagd *(la chasse)* ein beliebtes Hobby und gilt als Schritt ins Erwachsenenleben. Wildschwein *(sanglier)* ist seit über 1000 Jahren das meistverzehrte Wild und heute eine begehrte Spezialität. Die Jagdsaison erstreckt sich von September bis Januar; das Jagen ist auf Mittwoch, Samstag und Sonntag beschränkt. Aus dem Fleisch wird ein herzhaftes Gericht, wenn man es in Wein gart: *civet de sanglier*. Aus Wildschwein werden auch Frikadellen gemacht *(boules de picolat)*, getrocknete Würste *(saucissons de sanglier)*, Terrinen *(pâté de sanglier)* und luftgetrocknete Schinken.

Wildschweine sind für Obstbauern ein Ärgernis. Ausgewachsene Wildschweine stellen sich häufig an einem Kirschbaum auf die Hinterbeine, ziehen die Äste zu sich herunter und brechen sie ab, sodass die Jungtiere an die saftigen Früchte herankommen.

Sie lieben auch die zarten, neuen Triebe an Weinstöcken – die spärlich nachgewachsenen Weinstöcke in der Nähe von Gestrüpp, in dem Wildschweine leben, erspäht man sofort.

In Italien ist es ähnlich. Dort hatten Jäger zur Ergänzung der einheimischen Arten das osteuropäische Wildschwein *(cinghiale)* eingeführt. Dies stellte sich leider als eine Katastrophe für die Landwirtschaft heraus: Ganze Wildschweinherden suchen auf dem Land, auch in den vielen Weinbergen, nach Essbarem. Marodierende Wildschweine zu jagen ist im Herbst eine beliebte Beschäftigung.

Spello, eine alte Stadt in Mittelitalien, begeht 60 Tage nach Ostern an Fronleichnam ein großes Fest, mit Prozessionen durch die engen Straßen, die mit Tausenden in aufwendigen Mustern gesteckten Blumen geschmückt sind. Später setzen sich alle zum Essen zusammen; Hauptgericht ist *cinghiale in dolceforte* – mit Pinienkernen, Rosinen, Schokolade, Gewürzen und Backpflaumen geschmortes Wildschwein. Diese faszinierende Kombination ist 400 Jahre alt und ergibt ein wunderbar duftendes Gericht mit einem intensiven, reichen Aroma (siehe S. 60–61).

Heute gibt es in vielen Ländern das ganze Jahr hindurch das Fleisch gezüchteter Wildschweine, aber der Geschmack ist nicht so intensiv wie beim „echten" Wildschwein. Wildschweine unterscheiden sich in vielem von Hausschweinen: Sie sind vorn höher als hinten; ihre Schwänze ringeln sich nicht. Anders als Schweinefleisch ist Wildschwein ein rotes Fleisch mit intensivem Wildgeschmack (ähnlich dem Rehfleisch), der mit zunehmendem Alter des Tieres stärker wird. Das Fleisch enthält 70 Prozent rote und 30 Prozent weiße Fasern, das Fleisch von Hausschweinen dagegen 80 Prozent weiße und 20 Prozent rote. Wildschweinfleisch ist ein aromatisches, mageres Fleisch. Es wird entweder frisch oder gefroren verkauft oder zu Schinken, Terrinen, Pasteten und Würsten verarbeitet. Die wertvollsten Teilstücke sind der Rücken und die Keulen, die geräuchert auch zu Wildschweinschinken verarbeitet werden. Andere Stücke sind Lende, Schulter, Koteletts, Keulensteaks und Filet. Das Fleisch männlicher, über 2 Jahre alter Wildschweine schmeckt sehr intensiv und ist eigentlich nur für Würste geeignet.

Die traditionelle Art, Wildschwein zuzubereiten, ist das Marinieren in Rotwein, Kräutern und Gewürzen und das Garen über mehrere Stunden – eine Methode, die das eher trockene, manchmal zähe Fleisch zart macht. Heute ist es üblicher, zarteres Fleisch von jüngeren Tieren zu nehmen, was die Garzeit verkürzt. Das Fleisch eines bis zu 16 Monate alten Wildschweins ist zart genug, um es zu braten oder im Ofen zu garen.

BEIGABEN

Kräuter, die gut zu Schweinefleisch passen, sind unter anderem Salbei, Rosmarin und Thymian. Salbei wird dem Schweinefleisch seit alters her beigegeben, weil es bei der Verdauung des fetten Fleischs hilft. Die Verwendung von Kräutern, Obst und Würzmitteln ist schon Jahrhunderte alt: So heißt es in dem Saucenrezept zu Schweinebraten von Hannah Glasse in ihrem Buch The *Art of Cookery made Plain and Easy* (1747): „Man nehme ein großes Stück Brot ohne Kruste und koche es in 1/2 Liter Wasser mit etwas Zucker, einigen Korinthen, etwas Muskatblüte und 6 Pfefferkörnern. Man lasse es 5 Minuten kochen, entnehme Muskat und Pfeffer und lasse das Wasser vorsichtig ablaufen. Dann schlage man das Brot mit einem großen Stück Butter und einem Glas Rotwein zu einer dicken Sauce auf."

Aromatische Gewürze wie Wacholder, Piment und Kümmel passen ebenfalls gut zu Schweinefleisch. Der intensive, warm-aromatische Kümmel wird gern in Schweinefleischgerichten in Ost- und Mitteleuropa, z.B. in Deutschland, verwendet. Das Lieblingsgewürz in Südosteuropa ist süß-scharfes Paprikapulver, während Räucherpaprika in der spanischen und mediterranen Küche viel verwendet wird. Die Franzosen würzen ihr Schweinefleisch mit Rosmarin, Wacholder und Knoblauch; die Italiener mögen den Anisgeschmack von Fenchel und süßem, mildem Majoran sowie die intensiveren Würzmittel Knoblauch und Wacholder.

In Nordamerika verwendet man unter anderem Cranberrys, Pfirsiche, Ananas und Äpfel als Garnitur und in Saucen. In der südamerikanischen Küche würzt man Schweinefleisch mit pikant-scharfen Zutaten wie Kreuzkümmel, Zimt, Nelken und Peperoni, in Lateinamerika auch mit Chilis, Limetten und Mais.

Sauerkraut isst man zu Schweinefleisch in Deutschland, Ost- und Mitteleuropa (wie auch Rot- und Weißkohl sowie Klöße) und Nordfrankreich, wo es *choucroute* heißt (siehe S. 186/188).

Die asiatische Küche kombiniert Schweinefleisch mit Meeresaromen: Ein in Vietnam beliebtes Gericht ist geschmortes Schweinefleisch mit Reis, gewürzt mit Fischsauce und Garnelenpaste; Schweinefleischröllchen mit Garnelen sind in Taiwan populär, während Garnelen und Muscheln für die Füllung des chinesischen *shu mai*, einer Variante von Dim Sum (gedämpfte Häppchen), mit Schweinehackfleisch kombiniert werden.

SCHWEINEBRATEN

Ich glaube, von allen Braten ist mir der Schweinebraten der liebste, denn er gelingt einfacher als ein Lamm- oder Rinderbraten, und er ergibt die beste, üppigste Bratensauce. Außerdem passen dazu so viele Beigaben, Kräuter und Gewürze, und er hält sich sogar eine Weile, ohne ungenießbar zu werden. Es ist sehr wichtig, die Grundlagen zu beherrschen, aber dann liegt Ihnen die Welt zu Füßen!

Eine kleine Anmerkung zum Thema Fett: Ich glaube fest daran, dass man Fett braucht, um ein Fleischstück ordentlich zu garen. Ich würde sogar so weit gehen zu sagen, dass moderat genossenes tierisches Fett gesünder ist als künstlich erzeugte Brotaufstriche und Margarinen. Kaufen Sie also ein Stück Fleisch mit einer anständigen Fettschicht, und wenn Sie das Fett nicht essen möchten, schneiden Sie es NACH dem Garen ab.

Es folgen nun einige Variationen des Schweinebratens, sowohl mit als auch ohne Knochen. Die ersten beiden Rezepte arbeiten mit einer hohen Anfangshitze im Ofen, damit die Kruste schön knusprig wird. Dann wird die Hitze reduziert, um saftiges Fleisch zu erhalten. Eine andere Methode für köstlich zartes Fleisch ist das Garen bei einer sehr niedrigen Temperatur. Die folgenden zwei Rezepte illustrieren diese Technik.

Eine einfache Faustregel für den perfekten Braten: Das Fleischstück sollte eine Stunde vor dem Garen bei Zimmertemperatur ruhen. Das nimmt dem Fleisch die Kälte und lässt es gleichmäßiger durchgaren.

Rollbraten aus der Keule mit Sesam-kartoffeln und Apfel-Bärlauch-Kompott

Bärlauch wächst im April und Mai in Wäldern, Parks und unter Hecken – pflücken Sie ihn selbst oder kaufen Sie ihn auf dem Markt. Zu anderen Jahreszeiten können Sie den Äpfeln auch eine leicht angedrückte Knoblauchzehe beigeben, die Sie vor dem Servieren entfernen.

FÜR 4 PERSONEN

1 Rollbraten aus der Keule, ca. 1 kg, die Schwarte tief eingeritzt (siehe S. 40)
Salz
Olivenöl zum Braten
1 kg kleine, mehlig-kochende Kartoffeln, geschält
1 EL Sonnenblumenöl
1 EL Sesamkörner
2 Boskop-Äpfel
1 EL Holunderblütensirup oder Wasser
2 TL brauner Zucker
10 Blätter Bärlauch, zer-schnitten (optional, siehe oben)

Den Backofen auf 240 °C vorheizen. Die Schwarte des Fleischs rundum mit Salz und etwas Olivenöl einreiben. Den Braten auf einem Bratgitter in einer Bratenform 20–30 Minuten im Ofen garen, bis die Schwarte anfängt zu „bersten", aber noch nicht sehr braun ist. Die Ofentemperatur auf 190 °C reduzieren, und den Braten weitere 30–40 Minuten garen – etwa 30 Minuten je 500 g Fleisch. Danach 15 Minuten an einem warmen Ort ruhen lassen.

Unterdessen die Kartoffeln im Sonnenblumenöl wenden und in eine heiße Auflaufform geben. Im Ofen mit dem Fleisch garen, bis sie braun sind. Nach 50 Minuten mit den Sesamkörnern bestreuen und wieder in den Ofen schieben, bis die Körner anfangen zu bräunen. Achtung, sie brennen schnell an!

Die Äpfel schälen, entkernen, in Stücke schneiden und mit Sirup und Zucker in einem Topf so lange erhitzen, bis sie anfangen weich zu werden und zu zerfallen. Vom Herd nehmen und den Bärlauch untermischen.

Den Braten mit dem Kompott, den Sesamkartoffeln und einem grünen Gemüse, z.B. Salat oder Spinat, servieren.

Honigbraten in Biersauce mit Röstkartoffeln und Äpfeln

An diesem Rezept sieht man, wie man die Grundmethode der Bratenzubereitung so abwandelt, dass ein komplettes Gericht in nur einem Topf entsteht. Dieses können Sie dann wiederum nach Belieben abwandeln – mögliche Zutaten sind Pastinaken, Kürbis, rote Zwiebelspalten, Rosmarin, Thymian ...

FÜR 6 PERSONEN

1 großes Schweinerippen-
   stück am Knochen mit
   4–5 Rippen, die Haut tief
   eingeritzt
Salz
2 EL Sonnenblumenöl
50 g Butter
700 g Charlotte, Hansa
   oder andere festkochende
   Kartoffeln, abgebürstet
8 Schalotten oder kleine
   Zwiebeln, geschält
2 säuerliche Äpfel, z.B.
   Discovery
1 EL Kleehonig
1 TL körniger Senf
einige frische Salbeiblätter
2 TL Mehl (optional)
250 ml aromatisches Bier,
   am besten ein Ale, z.B.
   Heather Ale
Pfeffer

Wer möchte, kann die Knochen entfernen und das Fleisch nur zum Braten daran binden.

Den Backofen auf 240 °C vorheizen. Die Schwarte des Fleischs rundherum mit Salz und etwas Öl einreiben. Das Fleisch in einer Bratenform etwa 30 Minuten garen, bis sich eine Kruste bildet.

Die Form aus dem Ofen nehmen, Öl, Butter, Kartoffeln und Schalotten hineingeben, und das Ganze weitere 15 Minuten garen. Dann die Hitze auf 190 °C reduzieren und weitere 30 Minuten garen. Unterdessen die Äpfel entkernen und vierteln. Honig und Senf verrühren.

Die Form aus dem Ofen nehmen; das Fleisch dünn mit der Honig-Senf-Mischung bestreichen, die Kruste aussparen, denn diese würde sonst weich werden. Äpfel und Salbeiblätter zum Gemüse geben, würzen, alles durchmischen, dann für weitere 20 Minuten in den Ofen stellen, bis alles gar ist. Das Fleisch herausnehmen, mit Alufolie abdecken und im Ofen bei niedriger Temperatur warm halten. Das Gemüse in einer separaten Form warm halten.

Für die Sauce die Bratenform auf den Herd stellen, und die Bratflüssigkeit leicht köcheln lassen. Wer eine dickere Sauce möchte, streut jetzt das Mehl ein. Gut einrühren und ein wenig anbräunen lassen. Das Bier hinzufügen und gut verrühren. Durch ein Sieb in einen Topf gießen und so lange simmern lassen, bis die gewünschte Konsistenz erreicht ist – ggf. noch etwas Wasser hinzufügen. Abschmecken und zu Fleisch und Gemüse servieren.

Langsam gegarte Schweineschulter

Die Schulter ist ideal zum lang andauernden, langsamen Garen, da sie eine ordentliche Fettschicht hat. Sie eignet sich daher gut als „faules" Sonntagsessen, denn die ganze Arbeit wird schon am Vorabend gemacht. Kaufen Sie nach Möglichkeit eine kleine, ganze Schulter – evtl. müssen Sie dazu nach einer seltenen Rasse suchen. Können Sie nur eine größere Schulter finden (die 6–7 kg wiegen kann), kaufen Sie nur einen Teil davon. Bitten Sie Ihren Metzger um ein Stück mit Knochen, denn dieser hilft dem Fleisch, die Form zu behalten und während der langen Garzeit nicht auszutrocknen.

FÜR 8–10 PERSONEN

1 Schweineschulter à
  ca. 3 kg
12 Knoblauchzehen,
  geschält
3–4 EL Fenchelsamen
4 oder 5 getrocknete rote
  Chilischoten
Meersalz und schwarzer
  Pfeffer, frisch gemahlen
Saft von 6 Zitronen
4 EL Olivenöl

Den Backofen auf 240 °C vorheizen. Die Schwarte des Fleischs rundherum einritzen, am besten mit einem Cuttermesser, da sich dieses auf eine Tiefe von 1 cm einstellen lässt und dann auch nicht tiefer geht. Die Schnitte mit etwa 1 cm Abstand setzen. Oben am Fleischstück beginnen und so weit nach unten ritzen, wie es geht; das Fleisch dann herumdrehen, sodass der Schnitt bis zur Unterkante fortgeführt werden kann.

Den Knoblauch und die Fenchelsamen im Mörser zu einer Paste zerstoßen, dann die Chilis dazugeben und leicht zerdrücken. Mit Salz und Pfeffer abschmecken. Diese Mischung rundherum in die eingeritzte Schwarte der Schulter einreiben, diese dann auf einem Bratgitter in einer Bratenform 30 Minuten garen, bis die Haut Blasen wirft und langsam zu bräunen beginnt.

Das Fleisch aus dem Ofen nehmen. Die Hälfte des Zitronensafts mit der Hälfte des Olivenöls vermischen und über das Fleisch gießen. Die Hitze auf 140 °C reduzieren, das Fleisch wieder in den Ofen stellen und entweder über Nacht oder den ganzen Tag, aber auf jeden Fall mindestens 8 Stunden garen. Gelegentlich wenden und mit der Bratflüssigkeit übergießen. Das Fleisch ist auf dem Punkt, wenn es vom Knochen fällt oder unter der Haut (die knusprig sein sollte) weich ist.

Die Bratenform aus dem Ofen nehmen, das Fleisch auf ein Schneidebrett legen, abdecken und etwa 30 Minuten ruhen lassen. Den Rest des Zitronensafts und des Olivenöls in die Bratenform geben und mit dem Schneebesen glatt rühren. Aus verschiedenen Teilen der Schulter Scheiben herausschneiden und mit der Sauce beträufelt servieren.

Deutscher Schweinebraten

Schon seine bestechende Schlichtheit macht deutlich, dass für dieses Rezept Schweinefleisch von sehr guter Qualität und mit einer ordentlichen Fettschicht vonnöten ist. Es geht um das Wesentliche vom Fleisch – wenn Sie also kein gutes Stück einer seltenen Rasse oder eines freilebenden Tieres bekommen können, machen Sie diesen Braten besser nicht. Bitten Sie Ihren Metzger, die Schwarte zu entfernen, aber behalten Sie sie, um daraus Speckchips zu machen (siehe S. 248).

FÜR 6 PERSONEN

1 großes Schweinerippen-
stück am Knochen mit
4–5 Rippen (Ihr Metzger
soll zwischen den Rippen
das Rückgrat halb durch-
schneiden, um die Haut
abzuziehen)

schwarzer Pfeffer

8 Scheiben durch-
wachsener Speck

40 g Butter

40 g Mehl

500 ml Schweinefleisch-
(siehe S. 249) oder
Hühnerfond

Das Fleisch pfeffern und mit der Fettseite nach oben in eine Bratenform geben. Das ganze Fleisch mit den Speckscheiben belegen. Im Ofen so lange garen, bis das Fleischthermometer 70 °C anzeigt – etwa 2 ½–3 ½ Stunden.

Den Speck entfernen und beiseitelegen. Das Fleisch unter dem heißen Grill bräunen, dann mindestens 20 Minuten ruhen lassen.

Unterdessen für die Sauce aus der Butter und dem Mehl eine Mehlschwitze herstellen. Den gegarten Speck in Stückchen schneiden und wieder in die Bratenform geben. Die Form bei starker Hitze auf den Herd stellen, um den Speck zu bräunen, dann die Brühe zugießen und das Ganze 5–10 Minuten köcheln lassen. Zum Andicken die Mehlschwitze Stück für Stück mit dem Schneebesen einrühren. Die Sauce in eine Sauciere oder ein Kännchen abseihen. Das Fleisch an den halb durchgeschnittenen Rippchen in Scheiben schneiden und mit der Sauce servieren.

DIE PERFEKTE KRUSTE

Ein Schweinebraten ist ein großartiges Gericht und vielleicht die grandioseste aller einfachen Arten, Schweinefleisch zuzubereiten. Die Kruste ist dabei immer sehr beliebt und bleibt beim Sonntagsessen nie lange auf der Servierplatte liegen – die knusprig-braune äußere Schicht mit dem saftigen, aromatischen Fleisch darunter ist einfach unwiderstehlich.

Wie man die beste Kruste hinbekommt

Eine Methode für eine gute Kruste ist das Einschneiden der Schwarte in 3-mm-Abständen in Faserrichtung. Fragen Sie Ihren Metzger, wenn Ihnen das lieber ist – ich mache es zu Hause mit einem Cuttermesser. Danach den Braten ganz normal zubereiten.

Eine weitere Methode besteht darin, das Fleisch zunächst bei 190 °C zu garen, das Fleisch dann aus der Bratenform zu nehmen und den Bratensaft für die Sauce zu verwenden. Danach die Ofentemperatur auf 230 °C erhöhen, die äußere Fettschicht vom Fleisch abziehen und in den heißen Ofen geben. So bleibt das Fleisch saftig und hat Zeit, vor dem Tranchieren zu ruhen, und die Kruste kommt knusprig und heiß aus dem Ofen. Die Schwarte dabei aber nicht mit Flüssigkeit übergießen, sonst wird sie hart und ledrig.

Ein Koch, mit dem ich in der Schweiz zusammengearbeitet habe, schwört darauf, das eingeritzte Fleisch am Abend, bevor man es gart, mit Weinessig einzupinseln, weil das die Haut austrocknet und so noch knuspriger macht. Es muss aber dann auch wirklich über Nacht ruhen.

Schweineohren

Wer Sülze (siehe S. 228) gemacht und nun Schweineohren übrig hat, kann diese zwischen zwei Teller gepresst kühl stellen, dann in sehr dünne Scheiben schneiden und in Öl knusprig braten.

Pastete mit Schweine-fleisch und Lauch

Bei dieser typisch englischen Pastete (pie) wird das Fleisch zuerst in einer Brühe gekocht, und dann eine Sauce aus dieser gezaubert. Ich kombiniere das Schweinefleisch mit Lauch, weil Farbe und Geschmack so gut dazu passen, aber Sie können auch jedes andere Gemüse nehmen. Das Gericht schmeckt auch ohne die Teighaube und/oder mit gehackten frischen Kräutern – Petersilie passt sehr gut.

FÜR 6 PERSONEN

1 kg Schweinefleisch aus der Keule, gewürfelt

1 kleine Zwiebel, mit 8 Nelken gespickt

10 Pfefferkörner

1 Zweig Thymian

einige Zweige Petersilie

2–3 große Lauchstangen, geputzt

60 g Butter

50 g Mehl, plus etwas mehr zum Bestäuben

1 TL englischer oder Dijon-Senf

450 g Blätterteig

1 kleines Ei, verquirlt, zum Bestreichen

Salz und Pfeffer

Das Fleisch in einem Topf knapp mit kaltem Wasser bedecken. Zugedeckt zum Kochen bringen und den Schaum abschöpfen. Die Hitze reduzieren, Zwiebel, Pfefferkörner und Kräuter zugeben. Zugedeckt etwa 1 Stunde sanft köcheln lassen, oder bis das Fleisch zart ist.

Den Lauch in Scheiben schneiden, Wasser in einem Topf zum Kochen bringen und den Lauch darin etwa 2 Minuten blanchieren, dann abgießen, in kaltem Wasser abschrecken, gut abtropfen lassen und beiseitelegen.

Den Kochsud vom Fleisch durchseihen, Kräuter und Zwiebel entfernen. In einem anderen Topf für eine Mehlschwitze die Butter schmelzen, das Mehl einrühren und ein paar Minuten köcheln lassen, dann langsam etwa 500 ml der Fleischbrühe zugießen, sodass eine Sauce entsteht. In etwa 15 Minuten auf kleiner Flamme einkochen lassen, den Senf zugeben und die Sauce abschmecken. Das gegarte Fleisch und die Lauchscheiben hineingeben und alles vermengen. Abkühlen lassen.

Die Mischung in eine Auflauf-/Pie-Form mit 1,5 l Fassungsvermögen geben. Den Teig auf einer leicht bemehlten Arbeitsfläche in der Größe der Form ausrollen. Die Ränder der Form mit etwas Ei einpinseln, den Teig obenauf legen, die Ränder fest andrücken und in regelmäßigen Abständen einschneiden, dann noch einmal mit Ei bestreichen. Mit Blättern aus Teig dekorieren, auch diese mit Ei bepinseln. Vor dem Backen 30 Minuten ruhen lassen. Den Backofen auf 230 °C vorheizen.

Den Pie für 20 Minuten in den Ofen stellen, bis der Teig sich gesetzt hat, dann die Temperatur auf 180 °C reduzieren und den Pie weitere 40 Minuten backen.

Schweinerücken mit Senf und Wermut

Nach unserer Hochzeit verbrachten meine Frau und ich einen Teil unserer Hochzeitsreise im *Sharrow Bay Hotel* im Lake District, das damals Francis Coulson und Brian Sack gehörte – die Ersten, die ein echtes „Country House Hotel" führten. Es war auf jeden Fall eines der besten. Wir kehrten ein Jahr später zum ersten Hochzeitstag dortin wieder zurück und lernten ein amerikanisches Paar kennen, Ann und Dick Baker. Als sie erfuhren, dass es unser Hochzeitstag war, sagten sie heimlich den Hotelbesitzern Bescheid – die dann auch prompt Torte und Champagner servierten! Ann war eine begeisterte Köchin und schickte mir ein inspirierendes kleines Buch mit Rezepten, die die *Junior League of Palo Alto* zusammengestellt hatte, in der sie Mitglied war. Dieses Rezept ist eigentlich ein Kalbfleischgericht, aber ich habe es erfolgreich in ein Schweinefleischrezept umgewandelt. Bitten Sie Ihren Metzger um die Knochen – daraus können Sie einen Fond machen (siehe S. 249) – und um die Haut, für Speckchips (siehe S. 248).

2 kg Schweinefleisch
  aus dem Rücken, mit
  Schwarte, ohne Knochen
75 g Butter
75 g Dijon-Senf
Salz und Pfeffer
250 ml Schweinefleisch-
  brühe (siehe S. 249)
6 EL trockener Wermut
105 g Crème double
4 EL frische Petersilie,
  gehackt

Den Backofen auf 150 °C vorheizen.

Mit einem sehr scharfen Messer den Großteil der Schwarte vom Fleisch abtrennen, sodass nur eine sehr dünne Fettschicht bleibt (das Fett kann für eine Terrine genutzt werden – siehe S. 196–201). Die Butter schmelzen und mit dem Senf verrühren; das Fleisch rundherum mit der Mischung bestreichen, leicht salzen und pfeffern. In einer Bratenform im Ofen 15 Minuten garen, dann die Brühe und den Wermut über das Fleisch gießen und weitere 2–2 ½ Stunden garen. Ab und zu mit Flüssigkeit übergießen.

Das Fleisch aus der Form nehmen, locker mit Alufolie bedecken und mindestens 10 Minuten ruhen lassen. Die Form etwas kippen und so viel Fett wie möglich abschöpfen. Die Form dann auf den Herd stellen und den Bratensaft köcheln lassen (falls die Sauce zu dick wird, noch etwas Brühe zugeben). Die Crème double und noch einen Spritzer Wermut einrühren, die Sauce dann abseihen. Das Fleisch in Scheiben schneiden, mit der Sauce und viel gehackter Petersilie servieren.

„Golden Pork" aus Burma

Dieses Rezept aus Burma (Myanmar) habe ich u.a. deshalb in dieses Buch aufgenommen, weil mein Vater in den späten 1940er Jahren in Burma war. Eigentlich kenne ich die birmanische Küche gar nicht besonders gut. Dieses Gericht hält sich in einem verschlossenen Glas angeblich mehrere Monate. Ich habe das nie ausprobiert – vielleicht riskiert man das heutzutage lieber nicht …

FÜR 4–6 PERSONEN

- 1 große Zwiebel, geschält und gehackt
- 1 Knoblauchknolle, die Zehen geschält und zerdrückt
- 100 g frischer Ingwer, geschält und gehackt
- 1 kg mageres Schweinefleisch (Keule oder Rücken), in 2,5 cm große Würfel geschnitten
- 1 TL Salz
- 1 EL Weißweinessig
- 1 TL Chilipulver
- 100 ml Erdnussöl
- 2 TL Sesamöl
- 1 TL Kurkuma

Zwiebel, Knoblauch und Ingwer im Mörser oder in der Küchenmaschine zu einer Paste verarbeiten. Diese durch ein Sieb oder ein feines Musselintuch streichen, um den Saft auszupressen. Die Rückstände auffangen.

Die Flüssigkeit in einen Topf geben; Fleisch, Salz, Essig, Chilipulver und die Hälfte des Erdnussöls hinzugeben. 1 ½ Stunden leicht köcheln lassen.

Das restliche Erdnussöl mit dem Sesamöl in einem großen, schweren Topf erhitzen, die Zwiebel-Knoblauch-Ingwer-Masse hineingeben, das Kurkuma einrühren und das Ganze auf niedriger Stufe etwa 10 Minuten köcheln. Ggf. etwas Wasser hinzugeben.

Die Hälfte des gekochten Fleischs zu Hackfleisch verarbeiten und zur Zwiebelmischung geben. Diese Mischung wiederum zum Rest des Fleischs geben, alles vermengen und so lange weiterköcheln lassen, bis die ganze Masse eine goldbraune Farbe angenommen hat – das könnte weitere 20 Minuten dauern. Mit Reis servieren.

Sauer-scharfe Suppe

Wie bei so vielen beliebten Gerichten aus China gibt es auch von diesem unterschiedliche Varianten aus verschiedenen Regionen. Dieses Rezept ist eher Peking als Sichuan zuzuordnen, da es keine Chilis enthält und nicht brennend scharf ist. Wenn Sie keine frischen Mu-Err-Pilze bekommen, sind die getrockneten ebenso gut. Statt der Lilienblüten können Sie einfach mehr Pilze nehmen.

FÜR 4 PERSONEN

30 g kleine getrocknete Mu-Err-Pilze
5 getrocknete Shiitake-Pilze
15 g getrocknete Lilienblüten (Asialaden)
1 EL Erdnussöl
2 Knoblauchzehen, geschält und zerdrückt
115 g mageres Schweinefleisch, in kleine
   Streifen geschnitten
1 l Schweinefleischbrühe (siehe S. 249)
   oder Hühnerbrühe
5 Frühlingszwiebeln – 3 davon in 1 cm
   große Stücke geschnitten, 2 zum Garnieren
   fein gehackt

50 g Bambussprossen aus der Dose
90 ml schwarzer chinesischer Reisessig
   oder Rotweinessig
2 Tl. Zucker
3 EL helle Sojasauce
weißer Pfeffer, gemahlen
2 EL Speisestärke
1 Ei, verquirlt
115 g fester Tofu, gewürfelt
1 EL Sesamöl

Die getrockneten Pilze in separaten Schüsseln etwa 5 cm hoch mit
kochendem Wasser bedecken und 20 Minuten einweichen lassen. Die
Lilienblüten in einer kleinen Schüssel in warmem Wasser 20 Minuten
einweichen lassen. Die Pilze abgießen und in Scheiben schneiden. Die
Blüten abgießen und in 5 cm große Stücke schneiden. Beiseitestellen.

Das Erdnussöl in einem großen Topf erhitzen, den Knoblauch darin auf
niedriger Stufe einige Minuten andünsten. Das Fleisch zugeben und weitere
2 Minuten dünsten. Pilze, Lilienblüten, Brühe, Frühlingszwiebelstücke,
Bambussprossen, Essig, Zucker und Sojasauce zugeben, mit Pfeffer
abschmecken und zum Kochen bringen. Die Speisestärke mit etwas Wasser
verrührt mit dem Schneebesen in die Suppe einrühren. 10–15 Minuten
köcheln lassen.

Zum Servieren das verquirlte Ei einrühren, die Hitze reduzieren, dann
den Tofu hinzugeben und etwa 1 Minute warm werden lassen. Die Suppe
in vorgewärmte Schälchen geben, mit etwas Sesamöl beträufeln und mit
gehackten Frühlingszwiebeln bestreuen.

Schweinefleisch süßsauer

Das war wahrscheinlich meine erste Berührung mit der asiatischen Küche. Meine Mutter pflegte dieses Gericht zu kochen; ich glaube, sie hatte es aus einem der Bücher des großartigen, vor einigen Jahren verstorbenen Starkochs Robert Carrier. Ich erinnere mich noch, wie exotisch ich es fand mit all den aromatischen Gewürzen. Verwenden Sie am besten helle Sojasauce, sonst sieht das Gericht zu braun aus.

FÜR 4 PERSONEN

675 g mageres Schweine-
fleisch, in Streifen
geschnitten
je 1 TL Zucker und Salz
1 TL helle Sojasauce
1 Ei, leicht verquirlt
Speisestärke zum Bestäuben
Sonnenblumenöl zum
Braten
1 Zwiebel, geschält und in
Scheiben geschnitten
2,5-cm-Stück frischer
Ingwer, geschält und in
Scheibchen geschnitten
2 rote Paprika, geviertelt,
entkernt und in Scheiben
geschnitten
2 Knoblauchzehen, durch-
gepresst

FÜR DIE SAUCE

1 ¼ TL Speisestärke
100 ml Weißwein- oder
Reisessig
100 g brauner Zucker
1 EL Reiswein oder heller,
trockener Sherry
4 EL helle Sojasauce
1 EL Tomatenmark
(optional)

Das Fleisch mit Zucker, Salz und Sojasauce vermengen und einige Minuten marinieren, dann das Ei dazugeben und vermengen. Die Fleischstreifen in der Speisestärke wälzen und beiseitestellen, bis das Fleisch Feuchtigkeit abgibt.

In einer großen Pfanne genügend Öl erhitzen, um das Fleisch braten zu können. Die Fleischstreifen portionsweise garen, bis sie leicht gebräunt sind, dann alle wieder in die Pfanne geben und weiterbraten, bis das Fleisch durchgegart ist. Auf Küchenpapier abtropfen lassen und warm stellen. Die Pfanne mit dem Öl beiseitestellen.

Für die Sauce die Speisestärke mit so viel Wasser verrühren, dass eine dünne Paste entsteht. Essig, Zucker, Reiswein/Sherry und Sojasauce in einem großen Topf zum Kochen bringen. Die Stärkepaste einrühren und so lange rühren, bis die Mischung andickt. Das Tomatenmark ggf. einrühren und das Ganze warm halten.

Fast das ganze Öl aus der ersten Pfanne ausgießen. Im verbleibenden Öl bei geringer Hitze Zwiebel, Ingwer und Paprika weich dünsten, dann den Knoblauch einige Minuten mitdünsten. Das Gemüse zusammen mit dem Fleisch zur Sauce geben und vermengen. Mit Reis servieren.

Schweinemedaillons mit Orange

Orangen passen gut zu Schweinefleisch; ich mag auch fruchtige Saucen zum Schinken. Diese Kochidee habe ich von Freunden aus Amerika.

FÜR 4 PERSONEN

2 Schweinefilets à 250 g
1 TL Senfpulver
Salz und Pfeffer
1 EL Butter
2 TL Erdnussöl
125 ml trockener Wermut
125 ml trockener Weißwein
2 Knoblauchzehen, durch-
  gepresst
225 ml Orangensaft
abgeriebene Schale von
  1 unbehandelten Orange
frische glatte Petersilie,
  gehackt

Die Filets in 2 cm dicke Scheiben schneiden. Das Senfpulver mit Salz und Pfeffer vermischen und das Fleisch damit einreiben.

Eine große, schwere Pfanne erhitzen, die Hälfte der Butter sowie ein klein wenig Öl hineingeben und das Fleisch darin von beiden Seiten bei starker Hitze einige Minuten anbräunen. Die Hitze reduzieren und das Fleisch weitere 5 Minuten braten. Den Wermut angießen und kurz aufkochen, dann das Fleisch aus der Pfanne nehmen und warm stellen.

Bei stärkerer Hitze Wein, Knoblauch, Orangensaft und Orangenschale in der Pfanne auf etwa 3–4 Esslöffel Sauce reduzieren. Die Pfanne vom Herd nehmen, die restliche Butter und die Petersilie hineingeben und verquirlen. Das Fleisch wieder hinzugeben und warm werden lassen, aber nicht mehr kochen. Mit Tagliatelle oder gedämpftem Reis servieren.

Schweinefilet mit Kümmel und Tomaten

Dieses Rezept ist aus zwei Rezepten entstanden. Zudem habe ich zum amerikanischen Basisrezept Tomaten hinzugefügt. Ich mag die Farben, und der Geschmack von Kümmel passt sehr gut zu Schweinefleisch.

FÜR 4 PERSONEN

2 Schweinefilets à 250 g
mit Salz, Pfeffer, Paprika
und Kräutern gewürztes
Mehl
1 El. Erdnussöl
100 g Champignons, in
Scheiben geschnitten
1 Tl. Kümmelkörner
300 ml heiße Schwei-
nefleischbrühe (siehe
S. 249)
4 reife Tomaten, blanchiert,
gehäutet, entkernt und
geviertelt
4 El. Crème double
Salz und Pfeffer

Die Filets quer zur Faser in dünne Scheiben schneiden. Im Mehl wenden; überschüssiges Mehl abschütteln.

Das Öl in einer großen Sauteuse (Schwenkpfanne) erhitzen und das Fleisch rasch von beiden Seiten anbräunen (evtl. portionsweise, falls die Pfanne zu voll wird. Dann mehr Öl nehmen, um ein Anhaften zu vermeiden). Aus der Pfanne nehmen und beiseitestellen. Die Pilze zugeben und leicht anbräunen, dann den Kümmel einrühren und das Fleisch wieder in die Pfanne geben. Die heiße Brühe angießen, die Hitze reduzieren und das Ganze 10–15 Minuten köcheln lassen, bis das Fleisch gar ist.

Die Tomaten und die Crème double zugeben und heiß werden lassen, aber nicht kochen, sonst gerinnt die Crème. Abschmecken und mit Reis oder Nudeln servieren.

Geschmorter Schweine-
bauch mit Fenchel

Fenchel ist ein Gemüse, das gut zu Schweinefleisch passt, und ich verwende ihn oft; sein Anisgeschmack ist ein guter Ausgleich für die manchmal etwas zu fette Beschaffenheit der günstigeren Stücke. Dieses Gericht ist sehr einfach und schön aromatisch, denn nicht nur Fenchel wird verwendet, sondern auch der wunderbare französische Anisschnaps Pastis, dessen Hauptbestandteil Sternanis ist. Wie bei Whisky oder Gin gibt es viele Pastis-Sorten, z.B. Ricard oder Pastis 51. Und dann sind da auch noch die Fenchelsamen, ganz zu schweigen von viel, viel Knoblauch.

FÜR 4–6 PERSONEN

1,5 kg Schweinebauch
Salz und Pfeffer
2 EL Pflanzenöl
100 ml trockener Weißwein
1 EL Pastis
2 Fenchelknollen, geviertelt
10 reife Tomaten, geviertelt
  (und nach Belieben ent-
  kernt)
12 Knoblauchzehen, ge-
  schält und zerdrückt
3 Lorbeerblätter
2 Wacholderbeeren
1 Zweig Rosmarin
2 TL Fenchelsamen
abgeriebene Schale und
  Saft von 1 unbehandelten
  Zitrone

Den Backofen auf 150 °C vorheizen.

Die Schwarte des Schweinebauchs mit einem Cuttermesser einritzen, dann mit Salz und Pfeffer einreiben. Eine große ofenfeste Pfanne auf mittlerer Stufe erhitzen.

Das Pflanzenöl in die Pfanne geben, das Fleisch hineinlegen (Achtung, es wird spritzen!) und von allen Seiten anbräunen – das wird ein paar Minuten dauern –, dann aus der Pfanne nehmen und beiseitestellen. Die Hitze etwas reduzieren; wenn sich viel Fett angesammelt hat, vorsichtig etwas davon abgießen. Den Wein und den Pastis hinzugeben und den Bratensatz mit einem Holzlöffel loskochen.

Den Schweinebauch mit der Schwarte nach oben wieder in die Pfanne legen; Gemüse, Knoblauch und Kräuter rundherum verteilen, dann alles mit den Fenchelsamen bestreuen. Zum Schluss mit Zitronensaft übergießen und mit Zitronenschale bestreuen. Mit einem Deckel oder einer Folie abdecken und 2 Stunden im Ofen garen. Nach der Hälfte der Zeit das Fleisch wenden und mit Kochsud übergießen.

Das Fleisch in Scheiben servieren (nach Gusto am Knochen, das könnte die Scheiben aber sehr dick machen), mit Portionen des aromastarken Gemüses und des Kochsuds. Schmeckt sehr gut mit Kartoffelpüree.

Gekochter Schweine-
bauch mit Linsen

Ein tolles Festessen, kreiert von Fergus Henderson. Der Schweinebauch muss zuerst gebeizt werden. Dies trägt dazu bei, das Fett fest werden zu lassen – die Schwarte ist bei diesem Gericht sehr wichtig. Legen Sie das Fleisch also mindestens 5, ggf. bis zu 10 Tage in der Beize ein, dann kochen Sie es und servieren das unwiderstehlich zarte Schweinefleisch mit den Puy-Linsen. Zum Kochen des Fleischs brauchen Sie einen sehr großen Topf.

2 kg Schweinebauch, mit Haut und Knochen,
  eingesalzen (siehe zum Kaltpökeln S. 224)
2 Möhren, geschält
2 Zwiebeln, geschält und jeweils mit 5 Nelken gespickt
2 Stangen Sellerie
1 Knoblauchknolle, Zehen geschält
frische Petersilien-, Salbei- und Thymian-
  zweige
1 TL zerdrückte schwarze Pfefferkörner

FÜR DIE LINSEN
400 g Puy-Linsen
1 EL Olivenöl
1 Zwiebel, geschält und fein gehackt
1 Stange Lauch, geputzt, gewaschen und fein
  gewürfelt
1 Möhre, geschält und fein gewürfelt
4 Knoblauchzehen, geschält und zerdrückt
Schinken-Sud oder Wasser
1 TL frische Petersilie, gehackt
3 frische Salbeiblätter, gehackt
Salz und Pfeffer

Den Schweinebauch gut abspülen. In einen großen Topf legen, mit Wasser bedecken und langsam zum Kochen bringen. Den Schaum abschöpfen, dann die Flüssigkeit probieren: Schmeckt sie noch sehr salzig, abgießen und das Fleisch noch einmal in frischem Wasser zum Kochen bringen. Die Hitze reduzieren und die restlichen Zutaten für den Schweinebauch hinzugeben. Auf niedriger Stufe etwa 2 $^1/_2$–3 Stunden sanft köcheln lassen – das Fleisch sollte weich sein, aber nicht auseinanderfallen.

Die Linsen durchspülen und in einem Topf etwa 3 cm hoch mit kaltem Wasser bedecken. Zum Kochen bringen, dann 15 Minuten köcheln lassen. In einem Sieb abtropfen lassen und beiseitestellen.

Das Olivenöl in einem anderen, größeren Topf erhitzen; Zwiebel, Lauch und Möhre darin anschwitzen, bis sie weich werden, aber noch keine Farbe annehmen. Den Knoblauch hinzugeben und umrühren, dann die Linsen hinzugeben und so viel Kochsud oder Wasser, dass alles gerade bedeckt ist. 5–10 Minuten köcheln lassen. Petersilie und Salbei hinzufügen, salzen und pfeffern. Die Linsen sollten weich sein, aber noch nicht breiig. Mit dem Schweinefleisch servieren.

FÜR 6 PERSONEN

1,5 kg Wildschweinfleisch, in 3 cm große
  Würfel geschnitten
3 EL Olivenöl
1 Zwiebel, geschält und fein gehackt
50 g Zartbitterschokolade
1 EL Pinienkerne
75 g Backpflaumen, entsteint und halbiert
$^1/_2$ TL Chilipulver
abgeriebene Schale von 1 unbehandelten
  Orange
1 EL Rosinen
1 EL brauner Zucker
Salz und Pfeffer

FÜR DIE MARINADE

500 ml Rotwein
100 ml Rotweinessig
1 Lorbeerblatt
1 Zweig Thymian
je 1 TL Zimt und Piment, gemahlen
$^1/_2$ TL. Muskatnuss, frisch gerieben
1 Möhre, geschält und gehackt
1 Zwiebel, geschält und gehackt
1 Stange Sellerie, gehackt

Alle Zutaten für die Marinade in einem Topf zum Kochen bringen, dann
abkühlen lassen – dies dauert sehr lange, aber die Marinade muss kalt sein,
bevor das Fleisch darin eingelegt wird. Das Fleisch in einer Schüssel mit
der Marinade bedecken und 2 Tage ruhen lassen.

Die Marinade in eine Schüssel abseihen, das Gemüse entsorgen. Das Fleisch
mit Küchenpapier gut trocken tupfen. Das Olivenöl in einem Topf erhitzen,
die Zwiebel darin einige Minuten andünsten. Das Fleisch hinzugeben und
leicht anbräunen, dann den Rest der Zutaten zusammen mit der Marinade
hinzufügen. Zum Kochen bringen, den Schaum abschöpfen, dann etwa
2 Stunden sanft köcheln lassen, bis das Fleisch gar ist. Abschmecken und
mit Polenta servieren.

Cinghiale in dolceforte (Wildschweinragout süßsauer)

Ich habe keine speziellen Wildschweinrezepte in dieses Buch aufgenommen, weil Wildschwein in Großbritannien nur noch aus Zuchtbeständen stammt und die meisten Schweinefleischrezepte mit beiden Fleischsorten funktionieren. Als ich in der Schweiz gearbeitet habe, landete während der Jagdsaison aber durchaus das ein oder andere *sanglier* in unserer Küche. Dieses Rezept, von Carol gefunden und von mir ausprobiert, ist vor allem wegen seiner Verwendung von Schokolade und Gewürzen so faszinierend. Zucht-Wildschwein muss eigentlich gar nicht mariniert werden, aber die Marinade verleiht einen tollen Geschmack. Dafür müssen Sie jedoch 2 Tage im Voraus mit der Zubereitung beginnen.

Ungarisches Gulasch

Ich erinnere mich noch daran, wie ich dieses Gericht zum ersten Mal gekocht habe – nie zuvor hatte ich Paprikapulver in solchen Mengen benutzt! Damals trank ich auch zum ersten Mal Egri Bikavér („Erlauer Stierblut"), den vollen, tiefroten Rotwein aus Ungarn, und das nicht zu knapp. Die Erinnerung an dieses Gulaschessen in meinem winzigen, ungeheizten Appartement in London ist daher etwas verschwommen. Mein damaliges Rezept hatte ich aus einem Buch namens *One-pot cooking* oder so ähnlich, das inzwischen leider durch zu große Beanspruchung auseinandergefallen ist. Doch hier ist eine noch authentischere Variante. Von der Konsistenz ist sie eher suppig, was die Saftigkeit des Fleischs noch unterstreicht.

FÜR 4 PERSONEN

3 EL Schmalz oder Pflanzenöl

1 große Zwiebel, geschält und gehackt

3 Knoblauchzehen, geschält und durchgepresst

2 EL Rosenpaprikapulver, scharf

½ TL Kümmelkörner

½ TL Cayennepfeffer, gemahlen

900 g Schweineschulter, in 2,5 cm große Würfel geschnitten

2 große, reife Tomaten, blanchiert, gehäutet und gehackt (ersatzweise 200 g Tomaten in Stücken aus der Dose)

1 große rote Paprika, entkernt und gehackt

2 große Kartoffeln, geschält und klein gewürfelt

Salz und Pfeffer

Das Schmalz oder Pflanzenöl in einem großen Schmortopf heiß werden lassen. Die Zwiebel darin weich dünsten, aber nicht bräunen, dann die Hitze reduzieren, Knoblauch, Paprikapulver, Kümmel und Cayennepfeffer hinzugeben. Etwa 5 Minuten rühren. Das Fleisch hinzugeben und die Temperatur wieder erhöhen. Alles gut vermengen, sodass das Fleisch rundherum von der Mischung überzogen ist, und so lange garen, bis es angebräunt ist. So viel warmes Wasser angießen, dass das Fleisch gerade bedeckt ist, und zum Köcheln bringen. Den Deckel auflegen und das Ganze 1 Stunde sanft köcheln lassen, bis das Fleisch gar ist.

Die Tomaten und die Paprika einrühren und ohne Deckel weitere 30 Minuten köcheln lassen.

Die Kartoffeln hinzugeben und mitkochen, bis sie gerade gar sind, aber nicht auseinanderfallen. Abschmecken und servieren.

Ragout vom Schwein mit Backpflaumen und Lauch

Dieses Ragout lehnt ein bisschen an das traditionelle schottische Gericht *cock-a-leekie* an, bei dem man ein ganzes Huhn in einer Lauchbrühe kocht und zum Schluss Backpflaumen zum Süßen hinzugibt.

FÜR 4 PERSONEN

12 Backpflaumen
200 ml Cider (medium)
2 Schweinefilets à 250 g
4 EL Mehl, mit etwas Salz und Pfeffer gewürzt
4 EL Olivenöl
2 mittelgroße Lauch-stangen, geputzt und gewaschen
210 g Crème double
1 TL frischer Thymian, gehackt
Salz und Pfeffer

Wer getrocknete Backpflaumen verwendet, muss die Backpflaumen schon am Vorabend in eine Schüssel geben, mit dem Cider übergießen und die Pflaumen über Nacht einweichen lassen. Verzehrfertige Pflaumen müssen nur für 1–2 Stunden eingeweicht werden.

Die Filets quer zur Faser in 2 cm große Stücke schneiden. Mit Küchenpapier gut trocken tupfen, dann im Mehl wälzen und überschüssiges Mehl abklopfen. Die Hälfte des Olivenöls in einer Pfanne erhitzen. Das Fleisch darin bei starker Hitze von beiden Seiten bräunen. Die Pfanne sollte nicht zu voll sein – ggf. portionsweise arbeiten. Die Hitze reduzieren, das Fleisch zurück in die Pfanne geben und 5 Minuten weiterdünsten.

Den Lauch in dünne Röllchen schneiden. Das Fleisch aus der Pfanne nehmen und den Lauch hineingeben; ggf. mehr Öl verwenden. Sobald die Lauchröllchen weich und etwas braun geworden sind, die Backpflaumen mit dem Cider hinzugeben. Achtung, der Cider wird hochkochen. Etwa auf die Hälfte einkochen lassen. Die Crème double hinzugeben und noch ein wenig einkochen lassen, dann abschmecken. Das Fleisch mit dem Thymian wieder in die Pfanne geben und heiß werden lassen. Nicht mehr zu lange in der Pfanne lassen, sonst wird es zäh.

Schweinekoteletts mit Chicorée und Zitrone

Ideal für große, fette Koteletts einer seltenen Rasse wie Tamworth oder Gloucester Old Spot. Der Zitronensaft ist – mit dem Fleischsaft vermischt – die Hauptzutat für eine fantastische Sauce, während der Chicorée einen interessant bitteren Geschmack beisteuert. Die Chicoréeknospe hat eng anliegende, knackige weiße Blätter mit gelben oder blassgrünen Rändern. Möglicherweise müssen Sie einige äußere Blätter entfernen, wenn sie braun geworden sind, und ein wenig unten vom Fuß abschneiden, aber ansonsten sollten Sie die Knospen ganz lassen.

FÜR 2 PERSONEN

2 Schweinekoteletts à 225 g, mit Schwarte
1 EL Sonnenblumenöl
25 g Butter
2 Chicorée, geputzt und längs halbiert
50 ml trockener Weißwein
Salz und Pfeffer
Saft von 1 kleinen Zitrone

Die Koteletts mit Küchenpapier trocken tupfen. Die Haut abziehen und die Schwarte drei- oder viermal fast bis zum Fleisch einschneiden – so gart das Fett schneller. Eine große, schwere, flache Pfanne mit Deckel verwenden, in die Fleisch und Chicorée in einer Lage hineinpassen. Das Sonnenblumenöl darin heiß werden lassen – es ist heiß genug, wenn eine Ecke des Fleischs, die Sie kurz in die Pfanne halten, anfängt zu brutzeln. Die Koteletts vorsichtig hineinlegen und von beiden Seiten bräunen. Das dauert einige Minuten und wird spritzen – wenn es zu heiß wird, die Temperatur etwas reduzieren. Das Fleisch aus der Pfanne nehmen und die Butter hineingeben, den Chicorée darin rundherum bräunen. Die Hitze reduzieren.

Das Fleisch wieder in die Pfanne geben, den Wein angießen, salzen, pfeffern, den Deckel auflegen und alles 10 Minuten sanft köcheln lassen. Der Chicorée sollte sich leicht mit dem Messer einstechen lassen. Fleisch und Chicorée auf eine Servierplatte legen und warm stellen. Den Zitronensaft in die Pfanne gießen und kurz durchschwenken, die Sauce dann über das Fleisch gießen und servieren.

Schweinefleisch aus dem Ofen mit frischen Kräutern und Ale

Schon oft habe ich Kochvorführungen im Freien veranstaltet und dabei immer gern lokale Produkte verwendet. Die Idee zu diesem Gericht entstand bei einer solchen Veranstaltung in einem Zelt am Blair Castle in Perthshire, Schottland. Es war ein windiger, regnerischer Tag, und das Zelt war voll – die meisten Leute waren wohl eher nicht dort, um mir zuzuschauen. Ich musste schreien, um Wind und Regen zu übertönen. Plötzlich kam eine starke Bö, und das Wasser, das sich oben auf der Zeltplane gesammelt hatte, ergoss sich durch einen Spalt in einem großen Schwall ins Zelt. Zum Glück wurde niemand nass, aber es war ein dramatischer Moment. Während ich mich davon erholte, gab mir der Mann vom Heather-Ale-Verkaufsstand ein Glas dieses großartigen Getränks: „Sie sehen aus, als könnten Sie das jetzt gebrauchen", sagte er. Heather Ale schmeckt nicht nach Hopfen, sondern nach Heidekraut. Ich verliebte mich sofort in den blumigen Geschmack, der meiner Ansicht nach wunderbar zu Schweinefleisch passt. Hier ist der Beweis.

FÜR 4 PERSONEN

800 g mageres Schweine-
fleisch, gewürfelt

3 EL Mehl, mit etwas Salz
und Pfeffer gewürzt

2 EL Olivenöl

2–3 mittelgroße Zwiebeln,
geschält und gehackt

1 Knoblauchzehe, geschält
und zerdrückt

1 500-ml-Flasche aroma-
tisches Bier, am besten
ein Ale, z.B. Heather Ale

2 EL frische Kräuter, z.B.
Koriander, Petersilie, Kerbel, Estragon, gehackt

Den Backofen auf 180 °C vorheizen.

Das Fleisch mit Küchenpapier trocken tupfen, dann im Mehl wälzen und
überschüssiges Mehl abklopfen. Eine große Pfanne heiß werden lassen und
das Olivenöl hineingeben. Das Fleisch portionsweise darin bräunen; ggf.
mehr Öl zugeben. Es ist wichtig, dass die Temperatur immer hoch bleibt,
damit das Fleisch nicht zu viel Flüssigkeit abgibt.

Das Fleisch in eine Kasserolle legen. Die Hitze reduzieren, in der
Pfanne nun die Zwiebeln und den Knoblauch weich dünsten und leicht
anbräunen, dann zum Fleisch geben. Etwas Wasser in die Pfanne gießen,
den Bratensatz loskochen und die Flüssigkeit über das Fleisch gießen.
Das Ale in die Kasserolle gießen, sodass das Fleisch gerade bedeckt ist,
dann auf dem Herd einmal aufkochen. Einen Deckel auflegen und etwa
1 ½ Stunden im Ofen garen. Die Kräuter etwa 5 Minuten vor Ende der
Garzeit hinzugeben. Ist die Flüssigkeit zu dünn, das Fleisch kurz mit
einem Schaumlöffel herausnehmen und die Flüssigkeit ohne Deckel
einige Minuten auf dem Herd kochen lassen, bis sie etwas eindickt. Mit
Kartoffelpüree servieren.

Schweinefleisch mit Pflaumen

In einem September wuchsen auf meinen Bäumen so viele Pflaumen, dass ich lange überlegen musste, was ich daraus kochen könnte. Dieses Gericht ist eines der Ergebnisse. Das Heather Ale, das ich auf den letzten Seiten erwähnte, kommt hier auch wieder zum Einsatz. Aber Sie können natürlich auch jedes andere aromatische Bier verwenden.

FÜR 4 PERSONEN

2 Schweinefilets à 250 g
1 EL Honig
1 Knoblauchzehe, geschält und zerdrückt
175 ml aromatisches Bier, am besten ein Ale, z.B. Heather Ale
1 Rosmarinzweig
8–12 Pflaumen, reif, aber fest
2–3 EL Butter
1 TL Zucker
2 TL Olivenöl

Das Fleisch in Streifen schneiden. Honig, Knoblauch, Bier und Rosmarin in einer Schüssel vermengen, das Fleisch hineinlegen und bis zu 30 Minuten marinieren.

Die Pflaumen entsteinen und dabei längs halbieren.

Eine große, schwere Pfanne erhitzen, 1 Esslöffel Butter und den Zucker hineingeben. Wenn die Butter geschmolzen ist, die Pflaumen hineingeben und leicht karamellisieren lassen, dann beiseitestellen. Evtl. portionsweise arbeiten und, ggf. etwas mehr Butter und Zucker verwenden.

Das Fleisch auf Küchenpapier abtropfen lassen, die Marinade auffangen. Eine große Pfanne erhitzen, das Olivenöl und 1 Teelöffel Butter hineingeben und das Fleisch darin rasch rundherum bräunen – nicht zu lange braten, sonst wird das Fleisch zäh. Aus der Pfanne nehmen.

Die Marinade durch ein Sieb in die Pfanne gießen, aufkochen und auf etwa 2 Esslöffel Flüssigkeit reduzieren. Das Fleisch wieder in die Pfanne geben, die Pflaumen dazugeben, alles vorsichtig vermengen und heiß werden lassen, bis das Fleisch gar ist. Mit etwas gedämpftem Reis servieren.

Schweinelendchen in Sahne-Lauch

Die Idee zu diesem Rezept kam mir, als ich das *Portsonachan Hotel* am Loch Awe in Westschottland führte. Ich hatte es zuerst mit einem ganzen Braten versucht, aber dann nahm ich kleine Schweinefiletscheiben— weil ich das alte schottische Wort *collops* so mag, das „kleine Fleischscheiben" meint und möglicherweise vom deutschen *Klops* abstammt. Der milde Geschmack des Schweins wird durch den starken Lauchgeschmack abgerundet. Ein echtes Wintergericht – servieren Sie es mit Kartoffelpüree oder vielleicht Bandnudeln.

FÜR 2 PERSONEN

75 g Butter

2 Stangen Lauch, geputzt, gewaschen und gewürfelt

105 g Crème double

Salz und Pfeffer

1 Schweinefilet à 250 g, in 4 Scheiben geschnitten

1 TL Erdnuss- oder Pflanzenöl

1 Spritzer trockener Weißwein

150 ml Schweinefleischbrühe (siehe S. 249)

2 Teelöffel Butter in einem Topf schmelzen, den Lauch hinzugeben und unter Rühren weich dünsten. Die Crème double hinzugeben, salzen und pfeffern und bei mittlerer Hitze köcheln lassen, bis die Mischung eindickt. Beiseitestellen.

Das Fleisch mit Küchenpapier trocken tupfen. Eine schwere Pfanne heiß werden lassen, das Öl und 1 Teelöffel Butter hineingeben. Das Fleisch darin von allen Seiten scharf anbraten, bis es rundherum gebräunt ist, dann die Hitze reduzieren und das Fleisch etwa 5 Minuten weiterbraten, bis es gerade durch ist – nicht zu lange, sonst wird es zäh. Aus der Pfanne nehmen und warm stellen.

Den Bratensatz mit dem Wein ablöschen, dann die Brühe zugießen, schnell aufkochen und auf etwa 2 Esslöffel Flüssigkeit einkochen lassen. Die Pfanne vom Herd nehmen, die restliche Butter hineingeben und durchschwenken, bis sie geschmolzen ist; nicht wieder auf den Herd stellen.

Den Sahne-Lauch in der Mitte einer großen Platte anrichten, die Schweinelendchen darauf anrichten und etwas Sauce über das Ganze träufeln.

Schweinebraten aus dem Rücken mit Zitronen-Pilz-Sauce

Dies ist ein typischer Sonntagsbraten — man kann ihn und die Sauce gut vorbereiten und muss vor dem Servieren nicht mehr viele Handgriffe tun. Die Sauce auf Mehlbasis ist vielleicht etwas altmodisch, aber dafür verheißt sie echte Hausmannskost, und sie passt gut zu Schweinefleisch. Als Pilze können Sie Champignons, aber auch eine Mischung selbst gepflückter Pilze verwenden.

FÜR 6–8 PERSONEN

1 Rückenbraten ohne Knochen und Schwarte, ca. 2 kg
Salz und Pfeffer
300 g Champignons, in Scheiben geschnitten
100 g Butter
50 g Mehl
500 ml Milch, mit Salz und Pfeffer gewürzt
2 EL frischer Schnittlauch, Petersilie oder beides, gehackt, plus etwas mehr zum Servieren
fein abgeriebene Schale von 2 unbehandelten Zitronen, Saft von 1 Zitrone

Den Backofen auf 200 °C vorheizen.

Die Schwarte des Bratens mit Salz und Pfeffer einreiben, den Braten in einer Bratenform 45 Minuten im Ofen garen. Die Temperatur auf 190 °C reduzieren und den Braten weitere 30–55 Minuten garen. Zur Garprüfung mit einem feinen Spieß in die Mitte des Fleischs stechen: Der austretende Fleischsaft sollte hellgolden sein, nicht mehr rosa.

Die Bratenform aus dem Ofen nehmen. Den Braten auf ein Schneidebrett legen, mit Folie abdecken und ruhen lassen, unterdessen die Sauce anrühren.

2 Esslöffel des Fetts aus der Bratenform in einen Topf geben, darin die Pilze einige Minuten andünsten. Herausnehmen und beiseitestellen. Die Butter in den Topf geben und schmelzen lassen, dann das Mehl einrühren und einige Minuten köcheln lassen. Danach langsam die Milch einrühren, sodass eine glatte, dickliche Sauce entsteht (scheint sie zu dünn zu werden, nicht die ganze Milch hinzugeben). Kräuter, Zitronensaft und -schale sowie die Pilze einrühren und die Sauce abschmecken.

Kurz vor dem Servieren noch ein wenig Bratensaft aus der Form in den Topf geben (falls er nicht allzu fett ist). Den Braten aufschneiden, die Sauce so darauf verteilen, dass die Scheiben teilweise bedeckt sind, und mit gehacktem Schnittlauch und/oder Petersilie bestreuen. Mit Wurzelgemüsen und Kartoffelpüree servieren.

In Folie gegarte Koteletts mit Apfel und Honig

Das langsame Garen bei niedriger Temperatur ist zusammen mit den günstigeren Fleischstücken wieder in Mode gekommen. Eine weitere Methode, das Fleisch zart und saftig zu garen, ist das Einwickeln in Folie oder Backpapier, bevor es in den Ofen oder den Dampfgarer kommt. Gerne erinnere ich mich daran, wie ich einmal von einem klassisch-französischen Koch mit Lachs *en papillote* bekocht wurde und mit Vergnügen am Tisch das kleine Päckchen öffnete. Der ausströmende Duft von frischem Lachs, Kräutern und Wein war herrlich.

Hier verwenden wir zum Garen Folie. Das Rezept ist schlicht, aber Sie können es abwandeln – z.B. zum Grillen oder für andere günstige Fleischstücke, die dann über Nacht im Ofen bei niedriger Temperatur gegart werden.

FÜR 4 PERSONEN

etwas Olivenöl zum Einfetten
4 Schweinekoteletts
Salz und Pfeffer
1 großer Apfel
4 TL Honig
4 Zweige frischer Majoran
trockener Cider (optional)

Den Backofen auf 180 °C vorheizen.

4 Stücke Alufolie so zuschneiden, dass sie jeweils über einem Kotelett und etwas Apfel zusammengefaltet werden können. Die Mitte jedes Stücks leicht mit Öl einfetten. Die Koteletts mit Küchenpapier trocken tupfen, in einer heißen Pfanne in etwas Olivenöl von jeder Seite 2 Minuten anbräunen. In die Mitte jedes Folienstücks 1 Kotelett legen, leicht salzen und pfeffern.

Den Apfel entkernen und vierteln, jedes Viertel in 5 Scheiben schneiden, diese auf den Koteletts verteilen. Auf jedes Kotelett 1 Teelöffel Honig und 1 Zweig Majoran geben, zur Abrundung noch einen Spritzer Cider. Die Folie gut über dem Fleisch zusammenfalten, die Päckchen auf einem Backblech im Ofen etwa 1 Stunde garen. Je niedriger die Ofentemperatur, desto länger das Garen, aber desto zarter das Fleisch!

Schweineschnitzel mit Avocado und Salbei

Ich habe mir diese Rezeptidee vom italienischen *Saltimbocca alla romana* abgeschaut — feines Kalbsfleisch mit Parmaschinken und Salbei. Der starke Eigengeschmack des Salbeis und die cremige Avocado passen gut zu Schweinefleisch. Sie können fast jedes Teilstück für das Schnitzel verwenden, solange es relativ fettarm ist und sich flach klopfen lässt. Die Avocados müssen reif sein.

FÜR 4 PERSONEN

2 Schweinefilets à 250 g
1 reife Avocado
50 g Butter
Salz und Pfeffer
2 TL frischer Salbei, grob
  gehackt
Saft von $^1/_2$ Zitrone

Die Filets quer zur Faser in 2 Stücke schneiden, diese zwischen 2 Lagen Frischhaltefolie mit einer Teigrolle oder einem Fleischklopfer flach klopfen. Die Avocado halbieren, entsteinen und schälen, dann vorsichtig längs in Scheiben schneiden.

Die Hälfte der Butter in einer Pfanne bei mittlerer Hitze zerlassen. Die Schnitzel trocken tupfen, salzen und pfeffern, dann in der Pfanne rasch von beiden Seiten etwa 3–5 Minuten anbräunen. Nicht zu lange braten, sonst wird das Fleisch zäh.

Die Schnitzel auf 4 vorgewärmte Teller legen, die Avocadoscheiben gleichmäßig darauf verteilen. Die Pfanne wieder auf den Herd stellen, die restliche Butter und Salbei hineingeben. Umrühren und den Bratensatz loskochen. Wenn die Butter etwas dunkler wird, den Zitronensaft hinzugeben. Die Sauce über die Schnitzel verteilen und servieren.

Spareribs

Die Rippen, die sich am besten für ein Barbecue eignen, sind die aus dem Schweinebauch. Ein ganzes Rippenstück mit 13 Rippen wiegt normalerweise etwa 1,3 kg. Das wenige Fleisch, das sich daran befindet, ist sehr saftig. Ich teile es meist in Stücke mit 3 bis 4 Rippen, jeweils für eine Person. So bleibt das Fleisch saftig, und es gehen keine einzelnen Rippchen auf dem Grill verloren.

Am besten werden sie, wenn man sie etwa 20 Minuten im Ofen vorgart, dann auf einem Grill brät und schließlich mit Sauce bedeckt noch etwas schmoren lässt. Man kann sie natürlich auch komplett im Ofen garen – was im Winter ganz nützlich ist.

Hier ist die Grundtechnik, gefolgt von ein paar Rezeptideen.

FÜR 4 PERSONEN

1,6–1,8 kg Schweinerippe
Sauce Ihrer Wahl (siehe
 nächste Seite)

Den Backofen auf 180 °C vorheizen.

Die Rippchen auf einem Backblech 20 Minuten im Ofen garen, dann auf einem Grill 30 Minuten grillen. Alternativ im Ofen 30 Minuten weitergaren. In der vorbereiteten Sauce wenden und weitere 15 Minuten garen.

Saucen

Rote Paprika

1 EL Pflanzenöl
2 rote Paprika, entkernt und in Stücke geschnitten
6 Knoblauchzehen, geschält und durchgepresst
1 EL Sojasauce
1 EL sonnengetrocknete Tomaten, gehackt
2 EL frischer Koriander, gehackt
schwarzer Pfeffer

Das Öl in einem Topf erhitzen, die Paprika darin weich dünsten. Die Hitze reduzieren, den Knoblauch hinzugeben und einige Minuten mitdünsten; darauf achten, dass er nicht anbrennt.

Die Sojasauce und die Tomaten hinzufügen und in der Küchenmaschine oder mit dem Pürierstab pürieren. Die Spareribs vor dem letzten Grill- oder Garvorgang darin wenden. Vor dem Servieren mit dem Koriander und dem Pfeffer bestreuen.

Süßsauer

1 EL Olivenöl
6 EL Rotweinessig
2 EL Tomatenmark
4 EL flüssiger Honig
1 EL körniger Senf
2 EL Sojasauce
2 Knoblauchzehen, geschält und durchgepresst

Alle Zutaten verrühren und die Spareribs vor dem letzten Grill- oder Garvorgang darin wenden.

American

3 EL Pflanzenöl
1 Zwiebel, geschält und gehackt
1–2 Stangen Sellerie, gehackt
3 Knoblauchzehen, geschält und durchgepresst
175 ml Weinessig
2 EL Tomatenmark
125 ml Wasser
1 EL schwarzer Zuckerrübensirup
40 g brauner Zucker
2 EL Worcestersauce
2 TL Rosenpaprikapulver, scharf
1 TL Senf
1/2 TL schwarzer Pfeffer
1/2 TL Cayennepfeffer
Salz

Das Öl in einem großen Topf erhitzen, Zwiebel, Sellerie und Knoblauch darin weich dünsten.

Alle anderen Zutaten hinzugeben und köcheln lassen, bis die Masse eingedickt ist. In einer Küchenmaschine oder mit dem Pürierstab zu einer glatten Sauce verarbeiten. Die Spareribs vor dem letzten Grill- oder Garvorgang darin wenden.

SPECK & SCHINKEN

Was ist Speck?

Speck kommt aus der Fettschicht an Bauch, Rücken und Hüfte des Schweins und wird üblicherweise durch Pökeln und/oder Räuchern haltbar gemacht. „Speck" kommt vom althochdeutschen „spec"; das englische *bacon*, das wiederum vom germanischen *bak* abstammt, bedeutet „Fleisch vom Rücken eines Tieres". Früher musste ein gepökeltes Stück Schweinefleisch eine arme Familie durch den Winter bringen; oft war es das einzige Fleisch, das es gab. Häufig wurde es Suppen und Eintöpfen beigegeben.

Welche Art von Schwein gehalten wurde und was es fraß, hing davon ab, ob es für frisches Fleisch oder Speck bestimmt war. Speckschweine waren typischerweise schwerer. Einige Rassen wurden speziell für die Speckproduktion gezüchtet; heute wird oft ein und dieselbe Rasse für frisches und gepökeltes Fleisch genutzt, aber Speckschweine werden mit einem höheren Gewicht geschlachtet als die anderen Tiere, nämlich mit etwa 100 kg. Das geschlachtete Schwein wurde einen Tag lang aufgehängt und dann gepökelt, um den ganzen Winter davon essen zu können. Man pökelte mit Salz, zusätzlich mit Gewürzen oder süßem Honig. Die durch das Salz glänzenden Speckseiten wurden zum Reifen an den Dachbalken aufgehängt und später vielleicht zum Räuchern in den Kamin. Roher, ungeräucherter Speck wird auch als „grüner Speck" bezeichnet.

Speck gibt es aus vielen Teilstücken und in vielen Geschmacksrichtungen, je nach Art des Pökelns. Der durchwachsene Bauchspeck ist recht fett; Rückenspeck hat weniger Fett.

PÖKELN

Speck kann nass oder trocken gepökelt werden. Beim Nasspökeln wird das Fleisch in eine Salzlake eingelegt, zusammen mit Gewürzen und anderen Beigaben. Auch andere Flüssigkeiten können hinzukommen – z.B. Apfelsaft, Bier oder Cider –, außerdem Honig, Ahornsirup, Rübensirup oder Zucker für eine gewisse Süße. Beim Trockenpökeln wird der Speck mit einer Mischung aus Salzen und Gewürzen eingerieben und dann für eine bestimmte Zeit (je nach Hersteller) zum Trocknen aufgehängt.

Zum Pökeln wurde meist eine Mischung verschiedener Salze verwendet, z.B. grobes Meersalz, Steinsalz und spezielles Meersalz aus dem Golf von Biskaya. Feines Salz würde das Fleisch zu schnell versiegeln; grobes Salz löst sich dagegen langsamer auf und dringt in das Fleisch ein. Die großen Maldon-Salzflocken aus dem englischen Essex gelten traditionell als besonders geeignet zum Pökeln. Seit dem Mittelalter gab man Salpeter (Kaliumnitrat) zur Pökelware, um Bakterien abzutöten. Das Fleisch bekam dadurch eine rötliche Farbe. Zum gleichen Zweck wird seit Mitte des 19. Jahrhunderts Natriumnitrat verwendet, von dem kleinere Mengen benötigt werden. Sal Prunella, eine reduzierte Form des Salpeters, wird ebenfalls manchmal sparsam verwendet.

Das Pökeln ist sehr wichtig für den Geschmack des fertigen Produkts. Die Art des Pökelns variiert je nach Region; es gibt viele verschiedene Methoden. Viele Hersteller haben heute ihre eigenen geheimen Pökelrezepte, die oft Kräuter, Gewürze und Zucker beinhalten. Heute pökelt man etwas milder als früher.

Nach dem Pökelprozess kann Speck auch noch kalt geräuchert werden – schon in der Antike machte man Nahrung durch Räuchern haltbar. Fleisch oder Fisch wurden gesalzen und dann in Hütten und Höhlen aufgehängt, in denen der Rauch der Feuerstelle in das Fleisch zog. Dies verleiht dem Fleisch den charakteristischen Rauchgeschmack, während Teersubstanzen im Holzrauch Bakterien abtöten und die Oberfläche des Fleischs luftdicht versiegeln. Das Räuchern gibt der Speckschwarte eine dunkelgoldene Färbung. Heute wird das Kalträuchern in Trocken- oder Räucherkammern bei unter 30 °C durchgeführt, sodass das Fleisch nicht etwa gart, sondern nur Farbe, Geschmack und Struktur ändert. Die Wahl des Holzes zum Räuchern ist der Hauptfaktor für den späteren Geschmack. Die weltweit beliebtesten Hölzer sind Eiche, Buche, Hickory und Ahorn.

Inzwischen werden viele kommerziell geräucherte Lebensmittel in Fabriken produziert und dabei kürzer geräuchert als beim traditionellen Räuchern, um Gewichtsverlust zu vermeiden. Durch künstliche Farbstoffe wird dann ein längerer Räuchervorgang suggeriert. Andere

Produkte mit „Rauchgeschmack" werden gar nicht über Holz geräuchert, sondern bekommen ihr Aroma durch zugesetzte Zusatzstoffe.

Die groß angelegte kommerzielle Speckproduktion begann wahrscheinlich im 18. Jahrhundert: 1770 begann John Harris aus Calne in Wiltshire damit, die Schweine direkt nach dem Schlachten zu pökeln, anstatt sie, wie es üblich war, zu Fuß in die Pökelhäuser nach London zu bringen – eine lange, anstrengende Reise, nach der das Fleisch oft schon verdorben war. In der Folgezeit entwickelte Familie Harris in den 1840er Jahren ein bahnbrechendes Pökelverfahren *(Wiltshire cure)*, bei dem das Fleisch in mit Eis gekühlten Räumen gepökelt wurde. Durch diese Kühlung brauchte man viel weniger Salz, was ein milderes Pökeln ermöglichte. Schweinehälften werden dazu 3 bis 4 Tage in Salzlake eingelegt, dann zum Reifen 2 Wochen in einen Kühlkeller gebracht und dann über Eichen-, Kiefern- oder Buchenholz 2–3 Tage geräuchert.

Ein weiteres populäres, traditionell britisches Pökelprodukt ist der *Suffolk sweet-cured bacon*, ein mit Salz und dunklem Zucker 6 Wochen lang trocken gepökelter, dann über Eichenholz geräucherter Speck mit einer tiefrosa Farbe und einem markanten, salzig-süßen, melasseartigen Geschmack.

Ayrshire-Bacon wird in Südwestschottland traditionell aus Large-White-Schweinen hergestellt. Die milde Pökelmethode mit sehr wenig Salz wurde erstmals 1857 angewandt und ist in Schottland immer noch sehr populär. Dort wurden seit jeher immer viele Schweine gehalten und das gepökelte dem frischen Fleisch vorgezogen. Nach dem Pökeln wird die Schwarte entfernt; das Fleisch wird fest aufgerollt und zusammengeschnürt, damit Fett und mageres Fleisch gleichmäßig verteilt sind; dann wird der Speck in Streifen geschnitten. Es gibt ihn geräuchert oder ungeräuchert.

Die modernen Schweine in Intensivtierhaltung werden fettarm ernährt und haben fast keine Bewegung. Ihr Fleisch wird meist „gepökelt", indem man die Pökellake direkt ins Fleisch injiziert, zusammen mit Phosphaten, die das Fleisch aufpolstern und schwerer machen. Daher tritt aus diesem Speck beim Braten eine weiße Flüssigkeit aus, und er schrumpft sehr stark. Es lohnt sich definitiv, etwas mehr auszugeben und einen traditionell gepökelten Speck von Freilandschweinen zu kaufen, der langsam geräuchert wurde. So erhält man den besten Geschmack und die beste Konsistenz.

Zwei weitere regionale Pökelprodukte aus Großbritannien möchte ich noch erwähnen:

★ *Bath chaps* sind entbeinte, gepökelte und gegarte Schweinebäckchen. Was diese alte englische Delikatesse mit der Stadt Bath zu tun hat, ist unklar. Das Wort chap ist eine Variante von „chop", das im 16. Jahrhundert Kiefer und Backen eines Tieres bezeichnete. Bei der traditionellen Zubereitung werden die gegarten Bath chaps in eine

Form gedrückt, um ihnen ihre typische Kegelform zu verleihen. Die abgekühlten chaps werden mit Semmelbröseln bestäubt. Sehr beliebt waren sie im 19. Jahrhundert; man nannte sie einfach chaps. Bath chaps müssen aus einem Schwein mit langem Kiefer gemacht werden, wie z.B. dem scheckigen Gloucester Old Spot, das mit Fallobst aus den vielen Obstgärten der Region gefüttert wurde, was dem Fleisch ein besonderes Aroma verleihen sollte (Schweine lieben Äpfel.). Bath chaps waren lange Zeit in Vergessenheit geraten, aber besonders in der Region um Bath sind sie wieder präsent und erscheinen auf den Speisekarten der Restaurants, warm oder kalt serviert. (Siehe S. 224.)

✱ Gepökelter Schweinekamm wird aus einem Fleischstück zwischen den Schulterblättern des Schweins gemacht, durch das Rückgrat geschnitten. Er wurde in East Anglia und Lincolnshire vor allem bei Hochzeiten, Taufen und Erntefesten aufgetragen. Das gepökelte Fleisch wurde tief eingeschnitten, vom Fett zum Knochen; in die Schnitte kam eine Füllung aus grünen Kräutern, vor allem Petersilie, bevor das Fleisch gebacken oder gekocht wurde. Auf dem Tisch sah es aufgeschnitten sehr schön aus, denn das rosarote Fleisch hob sich vom weißen Fett und von den leuchtend grünen Kräutern ab. Es wurde meist kalt mit Essig serviert. Heute bekommt man es nur als lokale Spezialität in Lincolnshire.

EIN URALTER BRAUCH

In einem uralten englischen Brauch dreht sich alles um den Speck: Alle 4 Jahre vergeben die *Dunmow Flitch Trials* (engl. *flitch* = Speckseite) in Great Dunmow, Essex, eine Speckseite (ein längs durchgeschnittenes, halbes Schwein) an Ehepaare aus aller Welt, die eine Jury aus jeweils 6 ledigen Frauen und Männern davon überzeugen müssen, dass sie „12 Monate und einen Tag" nicht den Wunsch verspürten, sich zu trennen. Man sagt, dass der Brauch 1104 im Augustinerkloster Little Dunmow entstand. Der Gutsherr, Reginald Fitzwalter, und seine Frau verkleideten sich als arme Leute und baten den Klostervorsteher ein Jahr und einen Tag nach ihrer Heirat um seinen Segen. Der Abt freute sich über diese Bitte und schenkte ihnen eine Speckseite. Da enthüllte Fitzwalter seine wahre Identität und übereignete sein Land dem Kloster – unter der Bedingung, dass jedes Ehepaar, welches eine ähnliche glückliche Ehe bekundete, auch eine Speckseite bekäme. Später wurden die *Dunmow Flitch Trials* in ganz England berühmt.

Im Jahr 1445 wurde erstmals dokumentiert, wer den Dunmow Flitch erhielt: Ein Richard Wright reiste aus Norwich an und gewann den Speck. So steht es in Dokumenten des Klosters Little Dunmow, die sich im British Museum befinden.

1855, nach Veröffentlichung seines populären Romans *The Flitch of Bacon*, in dem er von den Versuchen des Gastwirtes aus Little Dunmow erzählt, den Speck zu gewinnen – indem er nacheinander mehrere Frauen heiratet, um die richtige zu finden –, fanden die Trials wieder in Great Dunmow statt. Seitdem werden sie regelmäßig abgehalten; seit Ende des Zweiten Weltkriegs alle 4 Jahre, immer im Schaltjahr. Erfolgreiche Paare werden im historischen *flitch chair* auf den Schultern von Trägern zum Marktplatz getragen, wo sie, auf spitzen Steinen kniend, einen Eid ablegen müssen. Erfolglose Paare müssen hinter dem leeren Thron zum Marktplatz laufen, werden aber mit einem Schinken-Trostpreis entschädigt.

Den Brauch, allen, die eheliche Harmonie vorweisen können, eine Speckseite zu schenken, gibt es nicht nur in Dunmow. Früher gab es in ganz Europa ähnliche Bräuche. Insofern ist Dunmore durchaus einzigartig, weil es glückliche Ehepaare auch noch im 21. Jahrhundert mit einer Speckseite belohnt.

SPECK: INTERNATIONAL BELIEBT

Auf Englisch sagt man *to bring home the bacon*, was so viel heißt wie „einen Preis erringen". Seit Jahrhunderten war ein Schwein der begehrteste Preis auf Jahrmärkten überall im Land. Bei Kegelwettbewerben konnte man ein Ferkel gewinnen. Bei einem etwas dynamischeren Wettbewerb musste ein eingefettetes Schwein eingefangen werden; der Gewinner konnte es mit nach Hause nehmen.

In Irland ist Speck, wie auch frisches Schweinefleisch und andere Schweineprodukte, seit Langem wichtiger Bestandteil der nationalen Wirtschaft. Die Zentren der Speckverarbeitung waren früher Waterford, Limerick, Cork und Belfast. Die Schweine für den Markt in Belfast wurden auf den Bauernhöfen geschlachtet und dann verkauft, während die für andere Märkte bestimmten Tiere lebend verschickt wurden. Enniscorthy im County Wexford war einst berühmt für seinen meist gekochten, als Keule verkauften *barley-fed bacon*. Hierfür wurden die Schweine mit viel Gerste gefüttert. Dadurch wuchsen sie schneller und hatten eine dickere Speckschicht als andere Schweine. *Bagun bruite* (gekochter Speck), ein Stück aus der Schulter oder dem Nacken, serviert mit Kohl, war früher ein Hauptnahrungsmittel, besonders zur Erntezeit. Noch heute wird es in Irland gern gegessen.

Das französische Wort für Speck ist *lard* (*lardons* für Speckstreifen), was sich vom lateinischen *lardum* (Speckfett) herleitet. Eine Speckscheibe heißt *tranche de lard*, durchwachsener Bauchspeck nennt sich *lard de poitrine*

Nächste Doppelseite: Zum Trocknen und Räuchern aufgehängte Würste und Speck im Freilichtmuseum Ballenberg, Brienz, Schweiz.

oder, wenn er geräuchert ist, *poitrine fumée*. Sehr magerer Speck aus der Hüfte heißt *bacon*.

Ventrèche („Bauch") aus Südwestfrankreich stammt aus dem Teil des Schweinebauchs, in dem Fettstreifen zwischen den Muskeln verlaufen. Er kann dünn geschnitten, scharf angebraten und in Salaten und für Canapés verwendet werden, oder zum Einwickeln von magerem Fleisch, Geflügel oder Meeresfrüchten, besonders Jakobsmuscheln, für Geschmack und Saftigkeit. Es gibt zwei auf verschiedene Arten gepökelte *ventrèches*: *Ventrèche salée* (gesalzen), der häufiger anzutreffende, wird für 10 Tage gesalzen gelagert, dann gewaschen, mit zerdrücktem Pfeffer gewürzt und bis zu 4 Wochen getrocknet. *Ventrèche fumée* (geräuchert) wird nicht gesalzen, sondern ausschließlich durch das Räuchern haltbar gemacht.

Der italienische *pancetta* kommt ebenfalls aus dem Schweinebauch (*pancia*), schmeckt aber ganz anders, da er anders gepökelt wird: mit Salz und Gewürzen, oft mit Fenchel, Pfeffer und Muskat. Er ist ein wichtiger Bestandteil vieler italienischer Gerichte, wie z.B. Minestrone, Bolognese-Sauce und Spaghetti carbonara (siehe S. 92). (Letzteres entstand übrigens entweder bei den *carbonari*, den Köhlern, die es sich in den Pausen zubereiteten, oder aber bei den amerikanischen Soldaten im Zweiten Weltkrieg, die in Rom Eier mit Speck aßen.) *Pancetta curata* ist gepökelt oder luftgetrocknet; *pancetta arrotolata* (gerollt) ist mager, mit Pfefferkörnern und Nelken gewürzt und wird, sehr dünn geschnitten, als Teil der Antipasti serviert; *pancetta stesa* ist der flache Bauchspeck, der mit Kräutern gepökelt und beim Kochen als Geschmacksgeber benutzt wird; *pancetta affumicata* wird geräuchert und findet in vielen norditalienischen Gerichten Verwendung.

Guanciale (ital. *guancia* = die Wange) sind Schweinebäckchen, die mit Salz und gemahlenem schwarzem oder rotem Pfeffer eingerieben und 3 Wochen gepökelt werden. Der Speck hat einen ausgeprägteren Geschmack als *pancetta* und ist zarter in der Konsistenz. Er ist eine Spezialität Mittelitaliens und besonders in Umbrien und Latium beliebt.

Tocino ist die spanische Bezeichnung für Speck – aber meist nur für den ungeräucherten; der geräucherte wird *bacon* genannt. *Tocino ibérico* ist Gourmetspeck, der aus mit Eicheln gefütterten Schweinen gemacht wird und wunderbar schmeckt; er wird dünn geschnitten und üblicherweise warm serviert.

In Spanien gibt es auch eine *pancetta*-Variante namens *tocino de panceta*, Bauchspeck, der gepökelt, gesalzen, gewürzt und etwa 3 Monate getrocknet wird. Er wird, meist in Olivenöl oder Eigenfett gebraten, als Beilage serviert und in einigen ländlichen Gegenden mit Spiegeleiern und *chorizo* zum Frühstück gegessen.

In Deutschland denkt man bei Speck eigentlich immer an geräucherten Speck, aber es gibt auch „grünen Speck", frischen, unbehandelten Rückenspeck. Südtiroler Speck, der nach Wacholder schmeckt, ist eher ein Schinken und wird seit 1996 mit dem europäischen Siegel „geschützte geografische Angabe" (g.g.A.) ausgezeichnet: Er darf nur in Südtirol und nur traditionell hergestellt werden. Eine Schweinekeule (dort Schlegel genannt) wird vom Knochen getrennt und in einer Mischung aus Salz, Kräutern und Gewürzen (darunter Wacholderbeeren) gepökelt. Danach wird sie über Buchenholz kalt geräuchert (das Holz bestimmt einen Großteil des Geschmacks), bevor sie dann zur Reifung 5 Monate luftgetrocknet wird. Der Speck wird oft in hauchdünne Scheiben geschnitten und von aromatischen Beigaben begleitet, z.B. dunklem Roggenbrot, Essiggurken und Meerrettich.

Der in der deutschen Küche am häufigsten verwendete Speck ist der *Bauchspeck*. Er wird meist in Stücken verkauft. Die Schwarte wird abgeschnitten, der Speck gewürfelt und in der Pfanne gebraten. Der gepökelte und geräucherte *Schinkenspeck* kommt aus der Hüfte, wird dünn geschnitten und kalt serviert. Er hat mehr Muskelpartien und ist weniger marmoriert als der günstige Speck zum Kochen.

Schwarzwälder Speck (g.g.A.) wird in einer gewürzten Lake gepökelt und dann so lange über Nadelhölzern geräuchert, bis er außen fast schwarz ist. In seiner Herkunftsregion isst man ihn gern zu einer dicken Scheibe Brot und einem Glas Kirschwasser.

In Ungarn isst man ein herzhaftes, vom Paprikapulver rot gefärbtes Stück Speck zu Landbrot und rohen Zwiebeln oder rohem Knoblauch; der scharfe *Ciganyszalonna* (hierzulande als „Zigeunerspeck" bekannt) wird geräuchert und in dünnen Scheiben mit Roggenbrot gegessen.

Gedämpfter „Pudding" mit Schweinebauch, Speck und Lauch

Für dieses Rezept danke ich Simon Hopkinson – es stammt aus seinem wunderbaren Buch *Roast Chicken and Other Stores – Second Helpings*. Simon ist ein intuitiver Koch, der, wie auch Nigel Slater, die Fähigkeit besitzt, sich fantastisch aussehende Gerichte auszudenken. Es ist eine tolle Idee, gehackte Kräuter, z.B. Bohnenkraut, in den Teig zu geben. Traditionell wird so ein Pudding direkt aus der Schüssel gelöffelt.

FÜR 4–6 PERSONEN

FÜR DEN TEIG
300 g Mehl
½ Tütchen Backpulver
150 g Nierentalg, gerieben
frische Kräuter, gehackt
  (optional)
Salz und Pfeffer
etwas Öl zum Einfetten

FÜR DIE FÜLLUNG
2 EL Mehl
Salz und Pfeffer
2 TL Salbei, gehackt
250 g Schweinebauch ohne
  Schwarte, in 2 cm große
  Stücke geschnitten
50 g magerer Speck, sehr
  fein gehackt
1 Schweineniere, die inneren Röhrchen entfernt,
  fein gehackt
2 Stangen Lauch, geputzt,
  gewaschen und in Scheiben geschnitten
2 EL Sherry
100 ml Wasser

Mehl, Backpulver, Talg, Kräuter, Salz und Pfeffer in einer Schüssel vermengen und so viel Wasser zugeben, dass ein feuchter Teig entsteht. Weich kneten – er sollte nicht zu trocken sein, aber auch nicht klebrig. Beiseitestellen.

Für die Füllung das Mehl mit Salz, Pfeffer und Salbei würzen und die Fleischstücke darin wälzen. Dann Speck, Nierenstücke, Lauch, Sherry und das Wasser hinzugeben und alles gut vermengen.

Eine hitzebeständige Schüssel mit 1 Liter Fassungsvermögen mit dem Öl einfetten. Zwei Drittel des Teigs ausrollen und mit Überhang in die Schüssel legen. Die Füllung daraufgeben und glätten. Aus dem restlichen Teig einen Deckel ausrollen, mit diesem die Füllung bedecken. Die Ränder befeuchten und gut zusammendrücken, überstehenden Teig abschneiden und in die Mitte des Deckels ein kleines Loch stechen. Mit eingefettetem Backpapier bedecken (vorher in die Mitte eine Falte machen, damit der Teig Platz zum Aufgehen hat), dann mit Alufolie bedecken und fest mit Garn umwickeln. In einem Dämpfer oder einem Topf mit köchelndem Wasser 2–3 Stunden dämpfen.

Asturischer Bohneneintopf

Bohnen sind ein Hauptbestandteil der Nahrung vieler Völker der Welt. Mir fallen dabei immer Western ein, in denen Cowboys am Feuer Schweinefleisch mit Bohnen essen. In Brasilien wird Reis mit Bohnen und ein bisschen Speck fast jeden Tag gegessen. Auch in Spanien gibt es häufig Bohnen. Der surrealistische Filmregisseur Luis Buñuel soll einmal bissig gesagt haben, dies sei „ein von einem Land voller hungriger Menschen entdecktes Gericht". Für mich ist Bohneneintopf einfach eine wirklich kostengünstige Mahlzeit.

FÜR 6 PERSONEN

- 500 g ungeräucherter Speck am Stück
- 400 g große weiße Bohnen *(fabes)*, getrocknet
- 2 EL Olivenöl
- 150 g durchwachsener Räucherspeck, in kleine Streifen geschnitten
- 1 Zwiebel, geschält und gehackt
- 1 Knoblauchzehe, geschält und gehackt
- 1 Lorbeerblatt
- einige Safranfäden
- ½ TL Paprikapulver, edelsüß
- 2 spanische Blutwürste *(morcilla)* à 100 g
- 2 ganze Chorizo-Würste à 100 g
- Salz und schwarzer Pfeffer

Den Speck schon am Vorabend in kaltes Wasser legen, das Wasser mindestens einmal wechseln, um das Salz zu entfernen. Auch die Bohnen über Nacht in kaltem Wasser einweichen.

Am nächsten Tag das Olivenöl in einem großen Schmortopf erhitzen, den Räucherspeck und die Zwiebel darin weich dünsten. Den Knoblauch hinzugeben und umrühren. Das Fleisch und die Bohnen abtropfen lassen und in den Topf geben, mit Wasser bedecken. Lorbeerblatt, Safran, Paprikapulver und Pfeffer hinzugeben und zum Kochen bringen, dann bei mittlerer Hitze 1 ½ Stunden schmoren, dabei gelegentlich umrühren.

Wenn die Bohnen fast weich sind, alle Würste hinzufügen und weitere 30 Minuten schmoren.

Die Würste herausnehmen, in Stücke schneiden und wieder in den Topf geben. Abschmecken und servieren.

Spaghetti carbonara

Pasta ist ein weites Feld, und es gibt natürlich viele Pastagerichte, in denen Schweinefleisch vorkommt, aber die kann ich in diesem Buch unmöglich alle abdecken. Deshalb dachte ich mir, nur ein einziges Pastagericht ins Buch zu nehmen – das klassischste.

FÜR 4 PERSONEN

Salz
2 Knoblauchzehen, geschält und halbiert
4 EL Olivenöl
200 g Pancetta oder ungeräucherter durchwachsener Speck, in kleine Streifen geschnitten
400 g Spaghetti
2 Eier
2 Eigelb
75 g Parmesan, frisch gerieben
Pfeffer

In einem großen Topf Wasser mit ein wenig Salz zum Kochen bringen.

Den Knoblauch mit dem Olivenöl in einen kleinen Topf geben und bei niedriger Hitze ca. 10 Minuten durchziehen lassen. Den Knoblauch entsorgen, den Pancetta oder Speck in den Topf geben und knusprig braten.

Unterdessen, wenn das Wasser sprudelnd kocht, die Spaghetti in den Topf geben und gut umrühren. Sobald das Wasser danach wieder anfängt zu kochen, noch etwa 7 Minuten weiterkochen. Nach 5 Minuten einmal testen – die Nudeln sollten noch etwas Biss haben.

In einer großen Servierschüssel die Eier mit dem Eigelb verquirlen, dann etwa die Hälfte des Parmesans sowie etwas Salz und Pfeffer hinzufügen.

Die gekochten Spaghetti abgießen, abtropfen lassen und in die Schüssel mit den Eiern schütten. Das heiße Knoblauch-Pancetta-Öl hinzugießen und die Pasta gut in der Eiermischung wenden, damit die Eier durch die Hitze stocken. In vorgewärmten Schalen servieren und den restlichen Parmesan zum Bestreuen dazu reichen.

Grünkohl mit Räucherspeck und Anster-Käse

Dieses Rezept hat sowohl mit meinen schottischen Wurzeln als auch mit meiner Leidenschaft für Grünkohl zu tun. Anster ist der einzige Käse, der in meiner Heimatregion Fife hergestellt wird, aber Sie können auch jeden ähnlich intensiv schmeckenden Cheddar- oder Cheshire-Käse nehmen. Ein sehr schlichtes, aber nahrhaftes Abendessen!

PRO PERSON

100–150 g Grünkohl
etwas Butter oder etwas
  Olivenöl extra vergine
25 g geräucherter Speck,
  gewürfelt
Pfeffer
25 g Anster-Käse oder
  intensiver Cheddar- oder
  Cheshire-Käse, geraspelt
  oder gewürfelt

Die harten Strünke des Grünkohls abschneiden, die Blätter grob zerzupfen. Gut waschen und abtropfen lassen, aber er darf noch etwas nass sein.

Die Butter oder das Olivenöl in einer Pfanne heiß werden lassen, den Speck darin rasch anbräunen, dann den Grünkohl hinzugeben. Pfeffern und gut vermengen. Einen Deckel auflegen und einige Minuten köcheln lassen.

Die Pfanne vom Herd nehmen und einige Minuten stehen lassen, dann den Deckel abnehmen, die Pfanne wieder auf den Herd stellen und sanft umrühren, damit alles gut durchwärmt wird und die Flüssigkeit verdampfen kann.

Zum Servieren den Grünkohl auf einen vorgewärmten Teller schichten und mit dem Käse bestreuen.

Lauchrisotto mit Räucherspeck

Es gibt so viele Risotto-Variationen — die meisten davon können auch mit Gerste anstatt mit Reis zubereitet werden. Die Kombination von Räucherspeck und Lauch passt gut zu Reis. Aber warum nicht zur Abwechslung einmal Gerste ausprobieren? Diese muss allerdings ein wenig länger kochen.

FÜR 4 PERSONEN

1,5 l Hühnerbrühe
2 EL Olivenöl
200 g geräucherter
  Speck, in kleine Streifen
  geschnitten
2 Stangen Lauch, geputzt,
  gewaschen und gewürfelt
400 g Arborio-Reis
125 ml trockener Weißwein
1 EL Butter
50 g Parmesan, grob
  gerieben
Salz und schwarzer Pfeffer

Die Brühe bis zum Siedepunkt erhitzen und simmern lassen. Das Öl in einem schweren Topf bei mittlerer Hitze heiß werden lassen, den Speck darin anbräunen. Den Lauch hinzugeben und weich dünsten. Den Reis hinzugeben und alles gut umrühren. Den Wein angießen und so lange rühren, bis er vom Reis ganz aufgesogen ist.

Nun damit beginnen, die Brühe Kelle für Kelle hinzuzugeben, dabei immer gut rühren und darauf achten, dass die ganze Flüssigkeit aufgesogen wurde, bevor die nächste Kelle kommt. Am Ende sollte der Reis zart sein, aber in der Mitte noch Biss haben (falls keine Brühe mehr bis dahin da ist, einfach noch etwas Wasser zugeben). Das Ganze sollte etwa 20 Minuten dauern.

Den Topf vom Herd nehmen, den Risotto nach Belieben würzen, Butter und Käse einrühren und servieren.

SALATE

Ein knackfrischer Salat ist eine passende Beilage zu allen Produkten vom Schwein. Ein klassischer, schlichter grüner Salat zu einer Terrine schmeckt hervorragend. Weil es so viele verschiedene Blattsalate gibt, ist es oft einfacher, eine Tüte küchenfertigen, gemischten Salat zu kaufen. Mein heimischer Bio-Hofladen, Pillars of Hercules in Falkland, verkauft eine saisonale Mischung aus verschiedenen Blattsalaten und Kräutern, die häufig wechselt. Das Dressing ist genau so wichtig wie die Blätter, und meine Faustregel sind drei Teile Öl auf ein Teil Essig – aber das kann natürlich, genau wie die Art der Blattsalate, variiert werden.

Salate kommen oft als Beilagensalat daher oder in unseren Tagen auch solo als Hauptgericht. Ein Salat muss nicht zwingend Blattsalat enthalten; es ist einfach schön, als Gegengewicht zu reichhaltigeren Beilagen Gemüse mit einem Dressing zu haben.

SALATE ZUBEREITEN

Ich war einmal zu Gast in einem französischen Haushalt, in dem meine Gastgeberin ihre Salatblätter nach dem Waschen stets sorgfältig mit einem Küchenhandtuch trocken tupfte. Sie schüttelte die Blätter nie in einem Sieb oder legte sie in eine Salatschleuder, sondern behandelte sie so liebevoll, als wäre ihr jedes einzelne Blatt wichtig – und irgendwie war es das auch. Sie ging, aus Respekt vor sich selbst und allen, die sie bekochte, mit allen Lebensmitteln so um. Wie Sie sich denken können, dauerte die Essenszubereitung daher sehr lange. Sie sagen vielleicht: „Das Leben ist zu kurz, um ein Salatblatt trocken zu tupfen", und da stimme ich zu, aber denken Sie wenigstens kurz an diese Madame, während Sie Ihren Salat trocken schleudern! Es ist jedenfalls wichtig, die Blätter gut zu waschen und zu trocknen, damit sie das Dressing nicht verwässern. Die Blätter sollten in mundgerechte Stücke gezupft werden.

Friséesalat mit Speck

Diesen Salat habe ich schamlos von einem meiner Lieblings-Kochbuchautoren, Nigel Slater, gestohlen. Er beschreibt ihn als „den wahrscheinlich besten Salat der Welt. Wahrscheinlich."

FÜR 4 PERSONEN

2 dicke Scheiben gutes Brot
200 g Speck (was Sie gerade da haben), in Streifen geschnitten
4 große Handvoll Friséesalat

FÜR DIE VINAIGRETTE
2 EL Dijon-Senf
2 EL Rotweinessig
100 ml Erdnussöl oder leichtes Olivenöl
Salz und Pfeffer

Das Brot in Quadrate schneiden, die etwas größer sind als die Länge der Speckstreifen.

Für das Dressing den Senf, den Essig und den Großteil des Öls mit Salz und Pfeffer verquirlen, bis sich eine Vinaigrette bildet.

Die Speckstreifen in einer Pfanne mit etwas Öl bei starker Hitze anbraten. Wenn sie beginnen braun zu werden, die Brotwürfel zugeben und knusprig rösten.

Nur die knackigsten Blätter des Salats, ohne braune Ränder, in einer Schüssel mit dem Dressing vermengen. Den Speck und die Croûtons (denn so heißen die Brotwürfel jetzt) dazugeben und vermengen. Warm servieren.

Herb-würzige Blatt-salate mit pochierten Eiern und luftgetrock-netem Schinken

Eier und Schinken bilden einen guten Kontrapunkt zu herben, etwas bitter schmeckenden Salatblättern. Ich neige dazu, im Winter keine Salate zu essen, weil ich nie weiß, wie sie in dieser Jahreszeit gezogen werden, aber dies ist die Ausnahme von meiner Regel. Bataviasalat ist etwas weniger bitter als seine Verwandten Frisée und Radicchio. Frisée oder Kopfsalat können ihn in diesem Rezept ersetzen, Rotkohl den Radicchio.

FÜR 4 PERSONEN

4 Eier aus Freilandhaltung
1 EL Weinessig
400 g Bataviasalat, zerzupft
50 g Radicchio, fein zerzupft
115 g luftgetrockneter
  Schinken, in dünne Scheiben geschnitten

FÜR DIE VINAIGRETTE

2 Schalotten, geschält und
  fein gehackt
1 EL Balsamicoessig
1 Knoblauchzehe, geschält
  und fein gehackt
1 TL Dijon-Senf
50 ml Olivenöl extra vergine
Salz und Pfeffer

Für die Vinaigrette die Schalotten mit Essig, Knoblauch und Senf verrühren, dann das Olivenöl langsam zugießen. Dabei kräftig rühren, damit sich alles zu einem Dressing verbindet. Abschmecken.

Die Eier pochieren: Wasser in einem großen, weiten Topf zum Kochen bringen und den Essig zugeben. Die Hitze auf ein sanftes Köcheln reduzieren. Die Eier nacheinander vorsichtig in eine Tasse (oder 4 Tassen) aufschlagen. Mit einem Löffel das Wasser im Topf so rühren, dass eine Art Strudel entsteht, dann jedes Ei in die Mitte des Strudels gleiten lassen. Das sollte, kombiniert mit dem Essig, das Eiweiß rund um das Eigelb halten. Etwa 3 Minuten pochieren, dann mit einem Schaumlöffel herausnehmen und auf Küchenpapier abtropfen lassen.

Die Salatblätter mit Dressing vermengen und in 4 Schälchen anrichten. Je ein warmes pochiertes Ei obenauf legen und Schinkenscheiben darüber drapieren. Warm servieren.

Variationen

Salat mit Kartoffel-Senf-Dressing

12 kleine, festkochende Kartoffeln, z.B. Belle de Fontenay,
   Maris Peer oder Rosa Tannenzäpfle
1 Eigelb
1 TL Dijon-Senf
1 TL körniger Senf
100 ml Weinessig
300 ml Rapsöl
1 Handvoll kleine Salatblätter, z.B. Mangold, Tatsoi oder
   Mizuna
Salz und schwarzer Pfeffer

Die Kartoffeln kochen und warm stellen.
Das Eigelb in einer Schüssel mit dem Senf
verquirlen, dann langsam den Essig hinzugeben
und verrühren. Behutsam das Rapsöl
einträufeln, dabei ständig kräftig rühren. Salzen
und pfeffern.

Die warmen Kartoffeln in Stücke schneiden, mit
dem Salat und dem Dressing vermengen.

Salsa verde

2 Schalotten, geschält und fein gehackt
1 EL Kapern, gehackt
1 EL Kräuter, z.B. Petersilie, Estragon, Kerbel und Schnittlauch, gehackt
$1/3$ Salatgurke, entkernt und gehackt
1 Knoblauchzehe, geschält und gehackt
bis zu 2 EL Olivenöl oder Rapsöl
Salz und Pfeffer

Alle Zutaten zusammenrühren, dabei so viel Öl
verwenden, dass alles gut zusammenhält. Nach
Gusto würzen.

Luftgetrockneter Schinken mit Früchten

Der Schinken schmeckt auch solo hervorragend,
aber ein perfekter erster Gang wird er, wenn man
ihn um ein Viertel einer saftigen, reifen Birne
(die Sie vorher entkernt haben) herumwickelt.
Oder servieren Sie ein Stück reife, zarte Melone
mit orangefarbenem Fruchtfleisch (keine
Honigmelone) mit darüber drapierten dünnen
Schinkenscheiben. Luftgetrockneter Schinken
passt auch sehr gut zu Feigen. Muss ich noch
mehr sagen?

Croque Signor à la Dean & DeLuca

Eine tolle Idee für einen etwas anderen Croque Monsieur. Das berühmte New Yorker Deli Dean & DeLuca hat durch sein wunderbares Kochbuch (eines der meistbenutzten in meinem Regal) weltweit viele Fans gewonnen. Die sachliche Herangehensweise und die unglaubliche Wissensfülle dieses Buches haben mir schon viele schöne Lesestunden beschert. Und eines Tages schaffe ich es vielleicht, das Deli zu besuchen und dort so einen Croque Signor zu essen.

FÜR 2 CROQUES

225 g Mozzarella, in dünne
  Scheiben geschnitten
4 Focaccia-Quadrate, 7,5 cm
  groß und 2,5 cm dick
115 g Parmaschinken, in
  sehr dünne Scheiben ge-
  schnitten
1 Zweig frischer Oregano
  oder Majoran
Olivenöl

Die Hälfte des Mozzarellas auf 2 der Focaccia-Scheiben legen. Den Schinken obenauf legen, dann den Oregano oder Majoran und dann den Rest des Mozzarellas. Mit den restlichen beiden Focaccia-Scheiben abschließen.

Eine große Pfanne heiß werden lassen und ein bisschen Olivenöl hineingeben, die Sandwiches von beiden Seiten darin bräunen. Der Käse sollte geschmolzen und der Schinken etwas warm geworden sein. Noch warm servieren.

BLT

FÜR 4 SANDWICHES

1 Romanasalat
3–4 reife Tomaten
12 Streifen Speck
8 Scheiben gutes Weißbrot,
   mitteldick geschnitten
gute Mayonnaise
schwarzer Pfeffer

Das BLT – Bacon, Lettuce, Tomato (Speck, Salat, Tomate) – ist das klassisch-amerikanische Sandwich. Es scheint ganz simpel zu sein, aber es wird richtig fantastisch, wenn man nicht einfach irgendein Brot und irgendeinen Salat nimmt, sondern die richtigen Sorten – dann kann nichts schiefgehen.

Den Grill vorheizen. Den Salat putzen, waschen, abtropfen lassen, trocknen und beiseitestellen.

Die Tomaten in dünne Scheiben schneiden – Sie brauchen 3 Scheiben pro Sandwich.

Den Speck knusprig grillen und beiseitestellen. Das Brot leicht braun toasten.

4 Scheiben Toast mit Mayonnaise bestreichen. Darauf den Salat dünn ausbreiten. Die Tomatenscheiben darauflegen und mit Pfeffer bestreuen, den Speck darauflegen, ohne dass er an den Seiten herausschaut. Mit den restlichen 4 Toastscheiben belegen und fest zusammendrücken. Überstehendes abschneiden (aber nicht die Brotkruste), dann die Sandwiches diagonal in 2 Hälften schneiden und so arrangieren, dass man die Schichten sieht. Auf einem Teller servieren. Der Koch bekommt die abgeschnittenen Teile.

FÜR 4 SANDWICHES

12 Cherrytomaten
Meersalz
Olivenöl
8 Scheiben Brot nach Wahl
8 Streifen Speck
80 g Feta, klein gewürfelt
   oder in dünne Scheiben
   geschnitten
Pfeffer

SPECK, PILZE & MOSTARDA

Ich habe diese Sandwiches sowohl mit getoastetem als auch mit ungetoastetem Brot ausprobiert – es war beides sehr lecker. Mostarda di frutta ist eine großartige italienische Würzsauce aus Trockenfrüchten und Senf. Sie passt gut zu Käse und Schinken oder Aufschnitt und ist in dieser Zutatenkombination einfach köstlich.

FÜR 4 SANDWICHES

4 flache Pilze
Salz und Pfeffer
Olivenöl
8 Streifen Speck
8 Scheiben Brot nach Wahl
Mostarda di frutta

Die Stiele der Pilze abschneiden, die Pilze mit Küchenpapier säubern und mit der Öffnung nach oben auf den Grill oder in den heißen Ofen legen. Salzen und pfeffern, etwas Olivenöl darauf träufeln und bei starker Hitze 5 Minuten grillen. Den Speck nach Gusto grillen.

4 Brotscheiben mit je 1 Teelöffel Mostarda bestreichen. Je 1 Pilz in die Mitte legen, die Speckscheiben halbieren und darüberlegen. Mit den restlichen Brotscheiben bedecken und gut festdrücken. Diagonal halbieren und servieren.

SPECK, GEGRILLTE CHERRYTOMATE & FETA

Dieses Rezept funktioniert am besten mit Toast, weil sich darauf die Tomaten zu einer leckeren Sauce zerdrücken lassen. Der Feta kann durch andere, weiche Käsesorten ersetzt werden – eine gute Art und Weise, übrig gebliebenen Käse zu verwenden. Er darf nur nicht zu intensiv schmecken, sonst verdirbt das die Balance.

Die Tomaten auf ein Grillblech legen, Salz und Öl daraufgeben. 10 Minuten unter dem Grill garen (aber nicht zu nah die Wärmequelle kommen – Tomaten dürfen nicht zu heiß gegart werden, um schön weich zu werden).

Die weichen Tomaten auf 4 Scheiben Toast verstreichen (sie fallen auseinander, wenn man darauf drückt). Den Speck quer halbieren und auf jede Toastscheibe 4 Stücke legen, den Käse darauflegen. Pfeffern und mit den restlichen Toastscheiben belegen. Gut festdrücken und diagonal halbieren. Frische Kräuter wie glatte Petersilie, Oregano oder Majoran schmecken immer prima zu Tomaten – diese aber erst während der letzten Grillminuten daraufgeben, weil sie sonst anbrennen.

Was ist Schinken?

Der Schinken ist die hintere Keule des Schweins, haltbar gemacht durch Pökeln, Trocknen und – manchmal – Räuchern. Dieser oft langwierige Konservierungsprozess gewährleistet, dass der Schinken ohne Kühlung aufbewahrt werden kann. Die Technik stammt aus der Antike, als Fleisch lange gelagert werden musste und das Einsalzen der einzige Weg war, Fleisch eine gewisse Zeit zu lagern, ohne dass es verdarb. Im Mittelalter verbreiteten sich in Europa viele Varianten der Technik, und eine große Bandbreite an Schinkenvariationen entstand.

Jeder Schinken hat seine eigene Konsistenz und seinen eigenen Geschmack; manche regionalen Sorten sind weltberühmt geworden. Einige Schinken wie Parmaschinken aus Italien und *jamón ibérico* aus Spanien werden roh gegessen und sehr dünn geschnitten; andere, wie der englische *York ham*, werden vor dem Verkauf gekocht. Wieder andere rohe Schinken sollen zu Hause gekocht oder gebacken werden. Eine alte englische Methode, Schinken zu garen, war eine Mehl-Wasser-Kruste, die den Schinken umschloss und ihn vor der Ofenhitze schützte. Bei einer anderen englischen Landküchen-Methode wurde der Schinken in einem großen Topf mit einem Bündel frischem Heu gekocht. Das reduzierte den Salzgeschmack und verlieh dem Fleisch ein zart-süßliches Aroma.

Viele der modernen, kommerziell produzierten Schinken erkennt man leider an ihrer leuchtenden rosa Farbe, der nass-schlabbrigen Textur und dem salzigen Geschmack mit wenig eigenem Charakter. Dem Fleisch wird zuerst Wasser injiziert (Schweinefleisch kann 75 Prozent seines Gewichts an Flüssigkeit aufnehmen). Dann wird es mit Wasser und zerstoßenem Eis in einen Tumbler gegeben (eine langsam rotierende Trommel) und vermischt. Danach muss es ruhen, dann folgt noch eine Runde im Tumbler. Dieser Prozess macht das Fleisch schwerer, und es muss als „mit zugesetztem

Wasser" gekennzeichnet werden. Die meisten Länder legen fest, wie viel Wasser höchstens zugesetzt werden darf. Das Fleisch wird dann in eine Form gebracht, gekocht und in Scheiben geschnitten.

Traditionell hergestellte Schinken sind zwar teurer, aber den industriellen Schinken weit überlegen. Sie haben eine angenehme Konsistenz und ein intensives Aroma, was den höheren Preis mehr als aufwiegt.

DIE VERSCHIEDENEN SCHINKENSORTEN

Alle Schinken wurden gepökelt, entweder durch Trockenpökeln oder in einer Salzlake oder durch eine Kombination aus beidem. Eine kleine Menge Natrium- oder Kaliumnitrat wird zugegeben, um bakterielle Infektionen zu verhindern und dem Fleisch eine schöne rosa Farbe zu geben. Das Fleisch wird zwischen einigen Tagen und mehreren Monaten gepökelt und zum Trocknen aufgehängt; es kann auch über duftendem Holz wie Kiefer, Eiche oder Hickory geräuchert werden.

Schinken werden in Europa seit Jahrhunderten hergestellt. Die Sorten und die Unterschiede hinsichtlich Geschmack und Konsistenz hängen von den Schweinerassen und von den verwendeten Pökel-, Lager- und Räuchermethoden ab.

Großbritannien

Großbritannien hat einige international für Geschmack und Saftigkeit bekannte Schinken. Ihre Rezepte stammen noch aus der Zeit, als jede Region ihre eigenen Methoden des Pökelns und Räucherns entwickelte. Die Rezepte wurden oft streng gehütet, ihre genauen Zutaten und die verwendeten Mengen der Kräuter und Gewürze geheim gehalten. Bevor Zucker erschwinglich und überall zu kaufen war, wurde vielen Pökellaken Honig beigegeben, der das Fleisch rasch durchdringen konnte. Andere Zutaten waren z.B. Bier, Cider, Senf, Rübenkraut oder Essig, aromatische Gewürze und Kräuter. Verschiedene Hölzer wurden zum Räuchern genutzt und verliehen ihre charakteristischen Düfte dem Fleisch.

In Großbritannien wird Schinken oft gekocht oder gebacken, die Rinde abgezogen und die Fettschicht mit Paniermehl überzogen oder glasiert. In England dekoriert man traditionell das Fett eines ganzen gekochten Schinkens oder eines Stücks mit Nelken und glasiert sie mit einer Mischung

aus braunem Zucker, Honig, Rübenkraut oder Senf. In früheren Zeiten wurden außerdem vor dem Glasieren komplizierte dekorative Muster eingeritzt.

Bradenham ist ein ungeräucherter Rohschinken, der seit 1781 von der Bradenham Ham Company in Wiltshire hergestellt wird und nach dem letzten Lord Bradenham von Buckinghamshire benannt sein soll. Er wird nach überlieferter Methode in Salz, Salpeter und braunem Zucker trocken gepökelt, dann in Rübenkraut und Gewürzen mariniert, darunter Koriander und Wacholderbeeren, die dem Schinken seinen charakteristischen Geschmack verleihen, bevor er dann zur Reifung für bis zu 6 Monate aufgehängt wird. Im Inneren des glänzend schwarzen Schinkens ist das Fleisch zart und mild. Die Pökelmethode wurde ausschließlich von der Bradenham Ham Company eingesetzt, die 1888 zum Hoflieferanten ernannt wurde. 1897 übernahm die Wiltshire Bacon Company die Firma, später die Harris Bacon & Food Ltd., die die Produktion nach Yorkshire verlegte. Einige andere Schinken verwenden die gleiche Pökelmethode, doch sie lassen den Schinken nicht so lange reifen – so reift der *Shropshire Black Ham* nur 3 Monate.

Suffolk-Schinken kamen stets von den schwarzen Cornwallschweinen und wurden in einer Lake aus Suffolk-Ale und Rübenkraut nass gepökelt, dann vor der Reifung über Eichenspänen geräuchert. Heute werden die Schinken entweder in Bier oder Cider gepökelt; letzterer ergibt einen milderen Geschmack. Die Schinken werden 3–4 Wochen in eine Mischung aus Salz, braunem Zucker, Rübenkraut und Bier oder Cider eingelegt. Am Schluss haben sie eine schöne Mahagonifarbe und ein intensives Aroma. Die Firma Emmett's aus Peasenhall stellt seit 150 Jahren Suffolk-Schinken nach einem Rezept aus dem frühen 19. Jahrhundert her. Dort pökelt man den Schinken 6 Wochen in Suffolk Stout, Rübenkraut und Rohrohrzucker (und wendet ihn dabei jeden Tag) und räuchert ihn dann 2–3 Tage heiß über Eichenspänen.

Der seit hunderten von Jahren in ganz Europa geschätzte *York ham* ist vermutlich der bekannteste aller englischen Schinken. Er kommt traditionell vom Yorkshire-Schwein und wird etwa 3 Monate in Salz und braunem Zucker trocken gepökelt. Je nach Hersteller kann die Reifungszeit bis zu 2 Jahre betragen. Das tiefrote Fleisch schmeckt intensiv salzig und ist geräuchert oder ungeräuchert erhältlich. Einer Legende nach wurden die Schinken einst über den Eichenholzspänen geräuchert, die beim Bau der Kathedrale von York anfielen. Die englische Kochbuchautorin Hannah Glasse schrieb 1747: „Yorkshire ist berühmt für seine Schinken." 1817 war daraus ein Gattungsbegriff geworden – *York ham* stand für eine bestimmte Art des Pökelns, nicht mehr für die Herkunft. Heute gehen die Meinungen darüber, ob der Schinken geräuchert werden sollte oder nicht, auseinander (ungeräucherte Schinken werden als „grüne" Schinken bezeichnet).

Heutige Produzenten geben an, der Prozess dauere 10 Wochen. Inzwischen wird „York"-Schinken auch in anderen Ländern hergestellt.

Frankreich

Die alten Römer priesen die gesalzenen und geräucherten Schinken aus Gallien (dem heutigen Frankreich), die schon in der Antike für köstlichen Geschmack und angenehme Konsistenz berühmt waren. Schinken heißt in Frankreich *jambon*. Es gibt eine enorme Vielfalt regionaler Schinken *(jambon de pays)*, einige roh *(jambon cru)*, andere gekocht, wieder andere geräuchert.

Die Bezeichnungen verstehen

Geschützte Ursprungsbezeichnung (g.U., engl. PDO), Geschützte geografische Angabe (g.g.A., engl. PGI) und Garantiert traditionelle Spezialität (g.t.S., engl. TSG) sind die drei von der Europäischen Union definierten Kennzeichnungen, die die Bezeichnungen regionaler Lebensmittel schützen sollen. Die Gesetzgebung (geltend in der EU und nach und nach auch in Nicht-EU-Ländern) gewährleistet, dass Produkte mit diesen Zeichen nur in den betreffenden Regionen bzw. nach den traditionellen Methoden hergestellt werden dürfen. So wird der Ruf regionaler Produkte geschützt; Konsumenten sollen nicht durch unechte Produkte getäuscht werden, die vielleicht anders schmecken oder generell von minderer Qualität sind.

Die Gesetze schützen die Bezeichnungen von Weinen, Käsen, Schinken, Würsten, Oliven, Bieren, Balsamicoessig, regionalen Brotsorten, Obst und Gemüse. So können z.B. Parma- oder Schwarzwälder Schinken nur so bezeichnet werden, wenn sie auch wirklich aus der Region stammen.

Dieses System gibt es in ähnlicher Form auch national in vielen Ländern, z.B. Appellation d'origine contrôlée (AOC) in Frankreich, Denominazione di origine controllata (DOC) in Italien, Denominação de Origem Controlada (DOC) in Portugal und Denominación de Origen (DO) in Spanien. Das EU-System besteht jeweils neben dem System des einzelnen Landes. So haben z.B. in Frankreich manche Produkte sowohl das g.U.- (auf Französisch AOP-) als auch das AOC-Etikett, aber meist wird nur die AOC-Klassifikation gezeigt.

Jambon sec (trocken gepökelter Schinken) werden Schinken genannt, die ein bestimmtes Minimalgewicht haben und für mindestens 3 Monate trocken gepökelt wurden. Schinken dieser Kategorie kommen z.B. aus den Ardennen, der Auvergne, aus Bayonne, Lacaune, Najac und der Region Savoyen. *Jambon sec supérieur* ist der trocken gepökelte Schinken von traditionell gehaltenen und verarbeiteten Schweinen. Ein Beispiel ist *Bigorre*, der aus den schwarzen Freilandschweinen der Gascogne hergestellt wird, die in den Pyrenäen aufwachsen.

Die Ardennenregion im Nordosten Frankreichs ist berühmt für ihren großartigen *Jambon d'Ardenne*, der international seit Langem für seinen sehr milden, fast süßen Geschmack berühmt ist. Zu Beginn des 19. Jahrhunderts war die Sitte, Reisende in der Region mit Schinken zu bewirten, so verbreitet, dass sich Reiseautoren in ihren Berichten darüber beschwerten.

Ein Großteil des Ardenner Schinkens (*Jambon d'Ardenne*) kommt aus dem belgischen Teil der Ardennen, aber auch im französischen Teil gibt es handgesalzenen, über Monate gereiften Schinken. Früher wurde für dessen Herstellung ausschließlich eine Rasse verwendet, deren Schweine durch die Wälder streiften und Eicheln, Kastanien und Wurzeln fraßen. Heute müssen die Schweine im Departement geboren und aufgewachsen sein und mit einem Futter aus mindestens 75 Prozent Getreide gefüttert werden. Authentischer französischer Ardenner Schinken hat zwei Markenzeichen: das Emblem der Region und das Frankreich-Hexagon. Sie garantieren, dass der Schinken aus freilebenden, regionalen Schweinen gemacht wird, die naturbelassenes Futter bekommen und nach strengen Regeln geschlachtet werden, die den Stress für die Tiere minimieren. Die Schinken werden einige Wochen lang mit Salz eingerieben und dann 7–9 Monate zum Trocknen aufgehängt. Die feine, trockene Konsistenz und der Geschmack sind hervorragend. Der belgische Ardenner Schinken wird eher nass gepökelt, geräuchert und innerhalb eines Monats verzehrt.

Jambon de Bayonne, eine berühmte Spezialität der Pays-Basque-Region in Südwestfrankreich, hat einen wunderbar reichhaltigen, nussigen Geschmack. Seine Ursprünge reichen bis ins 12. Jahrhundert zurück: Mittelalterliche Einritzungen in Kirchen zeigen diesen Schinken, der schon damals ein begehrter Luxusartikel war. Später ließ Henri IV. ihn sich nach Paris liefern. Bayonne-Schinken wird von stolzen Bauern und Schweinemetzgern jedes Jahr zu Ostern beim *Foire au jambon* präsentiert, einem Markt, der seit 1462 in Bayonne stattfindet. Verkaufsstände säumen den Fluss Nive; in der Altstadt gibt es Verkostungen (*dégustations*) und Vorführungen.

Der Name Jambon de Bayonne wird nur nach einem strengen Registrierungsprozess vergeben (er hat den europäischen g.g.A.-Status, siehe rechts oben): Jeder, der an der Produktion beteiligt ist, vom Bauern bis zum Schlachter, muss sich diesem unterwerfen. Das Fleisch muss von einer der acht festgelegten Schweinerassen stammen; deren Futter muss frei von Steroiden, Fischölen und Antibiotika sein. In der Tat leben diese Schweine fröhlich in den Bergwäldern der Region und fressen Gras, Wurzeln, Kastanien, Eicheln und Bucheckern. Nur regionales Salz (aus Salies-de-Béarn) darf zum Einsalzen des Schinkens verwendet werden, zusammen mit Salpeter, Zucker, Pfeffer und Kräutern. Außerdem müssen die Schinken mindestens 7 Monate reifen – viele reifen sogar bis zu

Geschützte geografische Angabe (g.g.A.)

Diese Angabe (international als PGI bekannt) ist der Name einer Region oder eines Ortes, der in diesem Fall ein Agrarprodukt oder Nahrungsmittel beschreibt. Das Produkt muss in dieser Region hergestellt worden sein und so die charakteristischen Eigenschaften besitzen, die dieser Region zuschreibbar sind.

10 Monate. Der hervorragende Geschmack kommt durch die Qualität des Salzes zustande, außerdem durch das lokale Klima, die Nähe zum Atlantik und den von Süden kommenden Föhnwind, der für einen ganz eigenen Touch sorgt. Manche Hersteller reiben Wein oder eine Paste aus Piment d'Espelette in die Rinde, was dem Schinken eine schöne dunkelgelbe Farbe und ein charakteristisches Aroma verleiht.

Ist der Schinken fertig, wird er mit dem traditionellen *croix basque* (dem baskischen Kreuz) und der Bezeichnung *Bayonne* versehen. Bayonne-Schinken hält sich an einem kühlen, trockenen Ort bis zu ein Jahr. Der Schinken gilt als einer der besten luftgetrockneten Schinken der Welt. Das feste, dunkelrote Fleisch ist durchsetzt von leckeren Fettpartien und zergeht im Mund. Er wird am besten dünn geschnitten und zimmerwarm serviert, solo oder mit Charentais-Melone oder Feigen, oder in einem der vielen baskischen Schinkengerichte.

Jambon de Vendée ist ein Rohschinken ohne Knochen, trocken gepökelt mit Meersalz und leicht getrocknet; er wird mit *Eau de vie* und Kräutern aromatisiert, was ihm einen wunderbaren Geschmack verleiht. Vor dem Essen wird er meist gegart.

Das hübsche Städtchen Luxeuil-les-Bains im Departement Haute-Saône in den Bergen von Franche-Comté in Ostfrankreich ist berühmt für heilsame Thermalquellen und schöne Spitzenarbeiten – und für großartigen Schinken, den *Jambon de Luxeuil*. Dieser zierte schon die Tische der anspruchsvollen Adligen vor 2000 Jahren in Rom. Der aus heimischen Schweinen gemachte Schinken hat einen ganz eigenen Geschmack, der vom Pökeln und Räuchern stammt: Die Schinken werden 4 Wochen in einer Mischung aus rotem Jura-Wein, Kräutern und Gewürzen eingelegt, dann von Hand mit Salz eingerieben. Weitere 4 Wochen verbringen sie an einem kühlen, trockenen Ort, bevor sie gewaschen, über Nadel- oder Kirschbaumholz geräuchert und 5–8 Monate in Trockenkammern aufgehängt werden. Das kalte, trockene Klima der Region bietet die perfekten Bedingungen für das Trocknen. Der echte Luxeuil-Schinken trägt das regionale Franche-Comté-Qualitätssiegel. Die Schinken haben eine goldbraune Rinde und das Fleisch ist sehr zart, mit einem leicht salzigen und unterschwellig etwas rauchigen, würzigen Aroma.

Deutschland

Schinken, sowohl roh als auch gekocht, ist in Deutschland sehr beliebt. Es gibt eine Vielzahl regionaler Varianten, die sich in puncto Pökelzutaten (z.B. Kümmel, Koriander, Wacholderbeeren) und Räucherholz (Buche,

Wacholder, Nadelhölzer) unterscheiden. Es gibt *Knochenschinken, Nussschinken, Rollschinken* und *Schinkenspeck* (aus der Hüfte) – je nachdem, wie der Schinken geschnitten, gewürzt, geräuchert, getrocknet oder gelagert wird.

Schwarzwälder Schinken aus Baden-Württemberg im Südwesten des Landes ist wohl der berühmteste deutsche Schinken. Der trocken gepökelte Schinken hat eine charakteristische tiefrote Farbe und ein intensives Räucheraroma. Die Hinterkeule des Schweins wird entbeint, mit Salz und Gewürzen gepökelt, dann 6–9 Monate geräuchert und zur Reifung gebracht. Ursprünglich wurde der Schinken mit Rinderblut überzogen, der ihm eine schwarze Oberfläche verlieh. Heute stammt die schwarze Farbe von den verwendeten Gewürzen und dem Räuchervorgang.

Das rohe Fleisch wird eingesalzen, mit Würzmitteln wie Koriander, Pfeffer, Holunder- und Wacholderbeeren behandelt und ruht für 2 Wochen. Das Salz wird entfernt; der Schinken ruht weitere 2 Wochen und wird dann über Fichten- oder Kiefernholz bei einer Temperatur von 25 °C einige Wochen kalt geräuchert. Dabei bekommt er seine tiefrote Farbe und den Großteil seines Geschmacks. Zum Schluss reift er mindestens 6 Monate.

Die Herstellung wird durch strenge Regeln kontrolliert, die die Produktionsorte und die genauen Pökel- und Reifungsvorgänge bestimmen. Das feuchte Klima des Schwarzwaldes ist ideal für das Lufttrocknen des Schinkens; es führt zu einem vollmundigen Fleisch mit fester Konsistenz. „Schwarzwälder Schinken" ist ein g.g.A.-Produkt: Alles, was in der EU als „Schwarzwälder Schinken" verkauft wird, muss auch aus dem Schwarzwald kommen und entsprechend des Reglements hergestellt worden sein.

Westfälischer Schinken ist eine Spezialität aus dem „Schinkenland", wie Westfalen sich selbst nennt. Auch er wird aus der Hinterkeule des Schweins gemacht. Während der ganzen Verarbeitungszeit bleibt der Knochen im Schinken. Der Schinken wird trocken gepökelt, gewaschen, um die Salzigkeit zu reduzieren, und dann über aromatischem Holz geräuchert. Der für wunderbaren Geschmack und Zartheit bekannte Schinken gilt in Westfalen seit Jahrhunderten als Delikatesse (schon die Römer liebten ihn) und ist auch im Rest Deutschlands und weltweit beliebt. In England war er eine Zeit lang besonders in Mode. Samuel Pepys erwähnt ihn 1661 in seinen berühmten Tagebüchern: „Danach fuhr ich mit meiner Frau, meiner

Geschützte Ursprungsbezeichnung (g.U.)

Diese Angabe (international als PDO bekannt) ist der Name einer Region oder eines Ortes, der in diesem Fall ein Agrarprodukt oder Nahrungsmittel beschreibt. Das Produkt muss in dieser Region hergestellt worden sein, deren Qualität oder geografische Umgebung in besonderer Weise oder ausschließlich die Eigenschaften des Produkts bestimmen. Erzeugung, Herstellung und Weiterverarbeitung müssen ebenfalls in der festgelegten geografischen Region stattfinden.

Schwester Pall und Tante Wight in der Kutsche zu ihr nach Hause, wo es Westfälischen Schinken gab. Dann nach Hause und zu Bett."

Dieser Schinken stammt von Schweinen, die Gemüse, Klee, Brennnesseln, Eicheln und Bucheckern als Futter erhalten (obwohl sie von Letzteren nicht zu viel essen dürfen, es macht sie träge). Die traditionell gefertigten Schinken werden langsam über Buchen- und Wocholderholz geräuchert. Diese Kombination aus „Gourmet"-Futter, Pökeln und Räuchern ergibt einen dunkelbraunen, sehr festen Schinken mit einem einzigartigen, leicht rauchigen Geschmack. Weitere deutsche Schinken sind z.B. *Ammerländer Schinken*, über Buchen- und Wacholderholz kalt geräuchert, *Holsteiner Katenschinken*, der bis zu 8 Wochen im Katenrauch hängt, und *Landrauchschinken*, der eine trockene Konsistenz hat und stark rauchig schmeckt.

Italien

Schinken heißt in Italien *prosciutto* und kann entweder gekocht sein *(prosciutto cotto)* oder roh und trocken gepökelt *(prosciutto crudo)*. Letzterer wird in Italien schon seit der Antike hergestellt. Der Name kommt aus dem Lateinischen *perexuctus*, „ohne Flüssigkeit", also getrocknet. Obwohl die Regeln der *prosciutto*-Herstellung überall dieselben sind, hat jede Region ihre spezifischen Standards, die erfüllt werden müssen, damit ein Schinken als g.U. bezeichnet werden kann (siehe S. 111). Regionale Konsortien wachen über den *prosciutto*, die geheimen Rezepte und die strengen Regeln. Jedes Konsortium hat sein eigenes Markenzeichen, das auf dem Schinken sichtbar sein sollte.

Bei der *prosciutto*-Herstellung werden die Schweinekeulen zunächst für 24–36 Stunden in gut belüftete oder gekühlte Räume gehängt. Dann werden Fett und Schwarte abgeschnitten, und der Einsalzungsprozess beginnt. Die Schinkenmacher reiben das Fleisch mit Salz ein; das wird einen Monat lang jede Woche wiederholt. Manchmal wird *prosciutto* mit Salpeter gepökelt (Kalium- oder Natriumnitrit), was die Bildung von Bakterien verhindert, eine leuchtend rosa Farbe und einen einzigartigen Geschmack hervorruft. Die Schinken werden dann gewaschen, abgebürstet und getrocknet, entweder in der Sonne oder in Gebäuden, in denen die Temperatur nie höher ist als 15 °C. Nach einigen Monaten werden sie mit Schlaghölzern in die traditionelle gerundete, abgeflachte Form geklopft. Die Stellen des Muskelgewebes, die nicht von Haut bedeckt sind, werden mit einer Mischung aus Schmalz, Mehl, Salz und Pfeffer bestrichen, die das Fleisch mit der Zeit „versiegelt", feucht und frisch hält. Das nächste Stadium ist die Reifezeit in kühlen Lagerhallen, die je nach Schinkensorte variiert. Während dieser langen Reifezeit verlieren die Schinken bis zu ein Drittel ihres Gewichts. Einige der bekanntesten *prosciutto*-Sorten sind:

Prosciutto di Parma (Parmaschinken) ist ein großer Rohschinken mit mildem Geschmack und weicher Konsistenz. Er wird in der Region Emilia-Romagna hergestellt und ist Italiens beliebtester und bekanntester Schinken, der in alle Welt exportiert wird. Seine Ursprünge reichen mindestens bis ins 1. Jahrhundert v. Chr. zurück: Cato, ein römischer Schriftsteller, lobte die Qualität der Schinken in der Region. Deren Vortrefflichkeit läge vor allem am günstigen Klima sowie dem Überfluss an Weiden und schweinefreundlichem Buschland.

Parmaschinken wird aus großen, in der Region aufgezogenen Schweinen gemacht, die streng kontrolliertes Futter bekommen, darunter auch Molke, die bei der Herstellung des ebenfalls hier heimischen Parmesankäses anfällt. Der Haltbarmachungsprozess, von einem *maestro salatori* (Salzmeister) ausgeführt, kommt mit recht wenig Salz aus. Dafür findet aber Knoblauch und Zucker Verwendung, die für milderes Fleisch sorgen. Nach dem Salzen wird das Fleisch mit Schmalz versiegelt, was den Trocknungsprozess verlangsamt. Der ganze Prozess dauert mindestens 12 Monate, maximal bis zu 2 Jahre, und wird von einem *maestro prosciuttaio* (Schinkenmeister) überwacht, der den Innenmuskel des Schinkens mit einem Stock ansticht und nur am Geruch des Stockes erkennen kann, wie der Schinken sich entwickelt und ob er schon fertig ist. Die besten dieser einzigartigen Schinken sollen aus dem Dorf Langhirano kommen, südlich der Stadt Parma.

Das rosafarbene Fleisch ist schön fest mit einem milden Geschmack – Connaisseure meinen, das Fleisch nahe am Knochen schmecke am intensivsten. Ein Sprichwort aus Parma sagt: *„Grasso e magro non del tutto | ecco il pregio del prosciutto"*. Dies heißt so viel wie: Der Schinken muss ein gutes Verhältnis von Fett und magerem Fleisch haben, dann ist er viel wert. Er wird meist dünn geschnitten und roh verzehrt (oft zusammen mit Melone), kann aber auch beim Kochen verwendet werden. Italiener nutzen die Schwarte für Suppen. Die Produktion wird vom lokalen Herstellerverband, dem *Consorzio del Prosciutto di Parma*, kontrolliert, der die Qualität überwacht und garantiert, dass der Schinken auf traditionelle Art in der Region gepökelt und getrocknet wurde. Ein echter Parmaschinken trägt immer das *Consorzio*-Zeichen, die fünfzackige Krone des Herzogtums Parma.

Prosciutto di San Daniele ist ein hochdekorierter Schinken, der seit hunderten von Jahren in Friaul-Julisch Venetien in Nordostitalien, zwischen Alpen und Adria, hergestellt wird. Die trockene Luft und die große Höhe in dieser Gegend verleihen dem Schinken seine wunderbar samtige Textur und sein süß-salziges Aroma. Zu erkennen ist er daran, dass er mitsamt dem unteren Beinknochen gepökelt wird. Hierfür wird heimisches Meersalz verwendet. Auch dieser Schinken muss mindestens 12 Monate reifen, manchmal auch bis zu 2 Jahre. Er schmeckt köstlich zu Landbrot und weichem, mildem Käse wie Taleggio oder Montasio. Sein salziger Geschmack wird durch süße Früchte wie Melonen oder Feigen ausbalanciert.

Prosciutto Crudo Toscano ist die toskanische Version des *prosciutto*. Er wird aus in der Toskana gezüchteten und geschlachteten Schweinen gemacht und mit Meersalz, Pfeffer und aromatischen Kräutern wie Knoblauch, Wacholder oder Rosmarin gepökelt. Dies gibt ihm einen ganz eigenen Geschmack – mit dem unvergleichlichen Bukett der Toskana.

Culatello, eine handwerklich gefertigte Delikatesse aus der Emilia-Romagna, sieht man kaum außerhalb Italiens, noch nicht einmal außerhalb der Region. Er wird aus dem Fleisch ganz oben am rechten Hinterbein geschnitten und hat weniger Fett als andere *prosciutti*. Der teure und sehr zarte Delikatessschinken wird in Salz, Pfeffer, Knoblauch und Rotwein gepökelt, dann in eine Schweineblase eingenäht, die lose zugebunden wird, um Luft abzugeben, und dann sehr lange luftgetrocknet, meist 400 Tage. Das rosarote Fleisch hat ein üppiges, köstliches, fast süßes Aroma und eine zartschmelzende, weiche Konsistenz. *Culatello* ist in der italienischen Küche hoch angesehen. Bonaventura Angeli berichtet in seiner *Historia della città di Parma* davon, dass 1322 bei der Hochzeit des Grafen Andrea Rossi mit Giovanna di San Vitale *culatello* serviert wurde. *Culatello di Zibello* (aus Zibello in der Nähe von Modena) hat g.U.-Status (siehe S. 111).

Spanien

In Spanien ist man dem Schinken *(jamón)* sehr zugetan. Die früheste schriftliche Erwähnung spanischer Schinken stammt aus dem 1. Jahrhundert v. Chr.: Der Geschichtsschreiber Strabo lobte sie in seiner *Geographica*.

Die vielen Delikatessenläden und Bars in jeder spanischen Stadt bieten eine großartige Vielfalt an Schinken. Die Restaurants *Museo del Jamón* in Madrid sind eine spanische Institution; dort zu essen wird fast schon als religiöses Erlebnis betrachtet. Unzählige Schinken aus ganz Spanien hängen von der Decke; man kann sie zum Mitnehmen erwerben, aber auch davon in den Restaurants essen.

Die Provinz Extremadura an der Grenze zu Portugal ist das Kerngebiet der Schweinezucht. Besonders das Dorf Montánchez ist in ganz Spanien für seinen exquisiten Schinken bekannt; die Stadt Monesterio richtet jeden September ein Schinkenfestival aus, während Schinkenhersteller in mehreren anderen Städten der Region, z.B. Calera de León und Cabeza la Vaca, mit Bildern fröhlicher, lachender Schweine werben.

Der beliebteste der vielen spanischen Schinkensorten ist wohl der berühmte *jamón ibérico*. Dieser handwerklich gefertigte Schinken aus Südwestspanien wird von den Spaniern als bester Schinken der Welt bezeichnet und ist unter Kennern sehr gefragt.

Den außergewöhnlichen Schinken wussten schon die alten Griechen zu schätzen, die den feinen Geschmack und die Konsistenz lobten, und noch immer wird er auf traditionelle Art aus den Hinterkeulen der einheimischen, dunklen Schweine gemacht. Die als *pata negra*, „schwarze Klauen", bekannten Schweine stammen von den Wildschweinen der Region ab und tummeln sich ganz frei im *dehesa* (span. = Eichenwald), wo sie nach Eicheln, Kastanien, Pilzen und aromatischen Pflanzen wühlen. Die Eicheln, an die sie nicht herankommen, werden von einem *vareador*, einem Mann mit einer *varra* (ein langer Stock mit einem Lederriemen) von den höher gelegenen Ästen geschüttelt. Ibérico-Schweine bekommen viel Bewegung, was später zu einer durchgehenden Fettmarmorierung im Fleisch führt.

Die frisch geschnittenen Hinterbeine werden bis zu 10 Tage eingesalzen, gewaschen und bis zu 2 Monate in kühlen, feuchten Kellern gelagert, in denen das Fleisch trocknet. Diese Zeit nennt man *asentamiento*, ein langsamer Prozess, bei dem der Schinken Wasser verliert, das Salz absorbiert wird und sich im ganzen Schinken verteilt. Danach ruhen die Schinken für 6–9 Monate in einer *secadero* (Trockenkammer), wo Temperatur und Feuchtigkeit durch ein Belüftungssystem kontrolliert werden. Die Schinken verlieren weiter an Feuchtigkeit. In dieser Phase entwickeln sich ihr würziger Geschmack und die tiefrote Farbe. Die Schinken werden regelmäßig von einem ausgebildeten *calador* (Schinkenmeister) geprüft, der entscheidet, wann sie in die *bodega* (Keller oder Pökelhaus) verlagert werden, um noch einmal behandelt zu werden und ihren vollen Geschmack zu erreichen. Die Schinken reifen mindestens 2 Jahre, meist bis zu 30 Monate, in der kalten, trockenen Bergluft (die traditionelle Methode heißt *añejado*), manche noch länger. Die länger gelagerten Schinken bekommen ein üppiges, noch komplexeres Aroma. Ähnlich wie Weine haben auch Ibérico-Schinken verschiedene „Jahrgänge", die von verschiedenen Faktoren geprägt werden, z.B. von der Qualität der vom Schwein verzehrten Eicheln, dem Klima und den Lagerbedingungen. Das glatte, fast seidige tiefrote Fleisch ist gleichmäßig mit Fett durchsetzt, hat einen unverwechselbaren Duft und einen intensiven, komplexen, leicht nussigen Geschmack mit einem süß-salzigen Nachgeschmack, der das sehr aromatische Fett gut ergänzt.

Oben: Ein Ibérico-Schwein.

Jamón ibérico de bellota (span. *bellota* = Eichel) ist ein erlesener Schinken von den gleichen Schweinen, der auch gleich verarbeitet wird; aber die Schweine werden ab einem Alter von 15 Monaten und einem Gewicht von 90 kg ausschließlich mit Eicheln gefüttert, bis sie ihr Schlachtgewicht von etwa 160–190 kg erreicht haben. Die 3 Monate im Herbst, in denen die Eicheln von den Bäumen fallen, heißen *montanera*. In dieser Zeit frisst jedes Schwein rund 9 kg Eicheln am Tag. Während die meisten Ibérico-Schinken 2 Jahre lagern, reift *jamón ibérico de bellota* 3 Jahre, manche „Premium"-Schinken sogar über 4 Jahre. Wegen der natürlichen Eichelmast hat später mindestens die Hälfte des Fetts die guten Eigenschaften des Olivenöls, unter anderem einen positiven Einfluss auf den Cholesterinspiegel.

Paletilla ibérico de bellota durchläuft den gleichen Prozess wie oben beschrieben, doch das Fleisch stammt nicht von der Hinterkeule des Schweins, sondern aus der Schulter oder der Vorderkeule. Das Stück ist kleiner und enthält mehr Fett. Trotzdem ist *paletilla* sehr schmackhaft, aber günstiger als *jamón ibérico de bellota*.

Weitere Ibérico-Schinken sind *jamón ibérico de recebo* von iberischen Schweinen, die in der finalen Mastphase zu 30 Prozent mit Getreide und Eicheln ernährt werden, und *jamón ibérico de pienso*, oder einfach *jamón ibérico*, von iberischen Schweinen, die nur Getreide gefressen haben. Schinken wie *Dehesa de Extremadura* (aus der Provinz Cáceres und südlich von Badajoz) und *jamón de Huelva* (aus der Sierra de Huelva und Guijuelo, Salamanca, Kastilien und León) werden ebenfalls aus diesen Schweinen gemacht und haben g.U.-Status bekommen (siehe S. 111).

Das *Real-Ibérico*-Konsortium für die Vermarktung des spanischen Ibérico-Schinkens ist eine unabhängige, nichtkommerzielle Vereinigung, bei der seit 1996 alle großen Firmen aus den iberischen Schinkenregionen Mitglied sind. Ihre Hauptaufgabe ist es, den iberischen Schinken international als eines der besten Gourmetprodukte bekannt zu machen und durch die Vergabe des *Real-Ibérico*-Markenzeichens die Qualität der international verkauften iberischen Schinken zu garantieren.

Garantiert traditionelle Spezialität (g.t.S.)

Diese Angabe (international als TSG bekannt) ist das Markenzeichen für ein Produkt mit speziellen Eigenschaften, die es von ähnlichen Produkten der gleichen Kategorie abheben. Obwohl das Produkt nicht in einer spezifischen Gegend hergestellt sein muss, ist die Herstellung mit traditionellen Zutaten notwendig, oder das Produkt muss durch seine traditionelle Zusammensetzung oder eine Verarbeitung durch traditionelle Methoden charakterisierbar sein.

Jamón ibérico schmeckt köstlich zu einem Glas Rotwein oder trockenem Sherry. Lassen Sie ihn langsam auf der Zunge zergehen. Manchmal sieht man winzige weiße Kristalle im Fleisch – sie bilden sich aus der Aminosäure Tyrosin und sind völlig harmlos; tatsächlich werden sie von Kennern als Beweis für die Echtheit des Schinkens angesehen.

Jamón serrano ist ein trocken gepökelter Schinken, dessen Name sich von den bergigen Gegenden *(sierra)* in ganz Spanien ableitet. Serrano-Schinken ist magerer, größer und heller als Ibérico-Schinken und wird aus den Hinterkeulen hellhäutiger Hausschweine gemacht. Schon seit ewigen Zeiten wurden die Schweine um den Martinstag, den 11. November, geschlachtet, weil dann die Wetterbedingungen für das Pökeln am besten waren. Die Schinken wurden auf einem Tisch *(saladero)* in Meersalz gewälzt und ruhten dann einige Wochen. Nachdem das Salz abgewaschen war, wurden sie in der trockenen, kalten Bergluft oder in *secaderos* (Kammern mit großen Fenstern und Fensterläden, die einen kontrollierten Luftzug ermöglichten) zum Trocknen aufgehängt. 12–18 Monate später hatten die Schinken dann ihren besonderen Geschmack ausgebildet.

Die Schinken werden immer noch mit Meersalz gepökelt, aber Temperatur, Feuchtigkeit und Luftzug können heute durch moderne Technologien effizienter kontrolliert werden. Wenn es die klimatischen Bedingungen jedoch zulassen, schaltet sich die Technik automatisch ab und die Natur übernimmt. Nach dem Pökeln werden die Schinken gewaschen und müssen ruhen (einen Tag pro Kilo). Dabei durchdringt das Salz das Fleisch und entzieht diesem Flüssigkeit. Danach werden die Schinken bis zu 60 Tage lang an Gestellen aufgehängt. In der nächsten Phase wird die Temperatur langsam angehoben, um Klima und Feuchtigkeit in Frühling und Sommer zu simulieren. In dieser Phase durchdringt das Fett langsam das Muskelgewebe, und das Fleisch entwickelt seine charakteristische Konsistenz und sein besonderes Aroma. Serrano-Schinken müssen mindestens 9 Monate reifen; die meisten hängen bis zu 14 Monate oder sogar länger. Das Fleisch ist fest, mit einem intensiven, leicht nussigen Geschmack, einem Hauch Süße und einem bleibenden Nachgeschmack.

Die Bezeichnung *Jamón Serrano* ist in der EU als garantiert traditionelle Spezialität (g.t.S. bzw. TSG) geschützt. Dies sagt nichts über die geografische Herkunft des Schinkens aus. *Serrano Consorcio* bezeichnet einen Schinken, dessen Qualität vom spanischen Serrano-Schinken-Konsortium *(Consorcio del Jamón Español)* garantiert wird. Die wichtigste Vorgabe ist die Mindestpökelzeit von 36 Wochen. Dieser *Jamón Serrano* hat ein Etikett mit einem „S" in Form eines Schinkens und dem Aufdruck *Serrano Español*.

Jamón de Teruel ist ein Serrano-Schinken aus der Provinz Teruel in Aragón. Er besitzt Spaniens ältestes g.U.-Siegel (siehe S. 111) für Schinken. Dieser muss aus heimischen Schweinen hergestellt werden, die mindestens 8 Monate alt sind, 1 $^1/_2$ Monate mit Milch und die restlichen 6 $^1/_2$ Monate mit Gerste gefüttert wurden. Die Schweine werden mit einem Gewicht von 115–130 kg geschlachtet. Der Schinken wird mindestens 12 Monate unter natürlichen Bedingungen gepökelt und nur in kleinen Mengen hergestellt. Die g.-U.-Teruel-Schinken werden mit einem achtzackigen Stern gekennzeichnet.

Die *Feria del jamón de Teruel* (Schinkenfest in Teruel) ist ein großartiges gastronomisches Event mit Workshops, Verkostungen, Wettbewerben und anderen Veranstaltungen. Es findet immer im September statt.

Jamón serrano Trevélez ist ein qualitätvoller *jamón serrano* aus Trevélez, dem höchstgelegenen Dorf Spaniens, das im Süden der Sierra Nevada in der Provinz Granada in Andalusien liegt. Dieser exquisite Schinken kann bis zu 2 Jahre reifen und hat einen exzellenten Ruf wegen seiner feinen Konsistenz und seines Aromas. Er hat g.g.A.-Status erlangt (siehe S. 109).

All diese köstlichen spanischen Schinken schmecken am besten, wenn sie von einem Fachmann aufgeschnitten werden. Dieser wird dem Schinken den besten Geschmack entlocken, indem er ihn hauchdünn so schneidet, dass bestimmte Teile des Schinkens der Luft ausgesetzt werden und sich so das Aroma vollständig entfalten kann.

Ein wunderbar gebetteter Schinken

Dieses Rezept stammt aus einem alten Kochbuch meiner Mutter, *Food in England* von Dorothy Hartley. Als Kind liebte ich es, mir darin die einfachen Federzeichnungen eines unbekannten Künstlers anzuschauen. Die Zeichnung zu diesem Rezept zeigt einen großen Topf ohne Seitenwand, sodass man den Inhalt sehen kann: einen auf einem Bett aus Gemüse ruhenden Schinken, was sehr gemütlich aussieht. Falls Sie danach Reste haben: Für einige der folgenden Rezepte brauchen Sie gekochten Schinken!

1 roher, ungeräucherter Hinterschinken à 3–4 kg
2 Stangen Lauch, gewaschen, geputzt und grob gehackt (auch die grünen Teile)
2 große Zwiebeln, jeweils mit Schale halbiert
4 Möhren, geschält und grob gehackt
2 Stangen Sellerie, grob gehackt
einige Gemüsespitzen/-abschnitte oder Schalen von Pastinaken, Rüben usw.

2 Äpfel und Apfelschalen
1 Bund Petersilie
1 Zweig Thymian
6 Gewürznelken
einige Pfefferkörner
250 ml schwarzes Rübenkraut
1 Flasche (500 ml) Ale oder Bier (Sorte frei wählbar)

Am Vortag den Schinken für 24 Stunden wässern, um das Salz zu entfernen, dabei das Wasser einmal wechseln.

Gemüse, Äpfel und Schalen, Kräuter und Gewürze in einen sehr großen Topf legen. Den Schinken abtropfen lassen und obenauf legen, dann das Rübenkraut und das Bier hinzufügen und mit Wasser auffüllen, bis der Topfinhalt gerade bedeckt ist. Zum Kochen bringen und ohne Deckel 4–5 Stunden schmoren.

Vom Herd nehmen und in der Flüssigkeit abkühlen lassen. Wenn alles kalt ist, den Schinken herausnehmen und überschüssiges Fett abschneiden. Er hält sich im Kühlschrank etwa 2 Wochen.

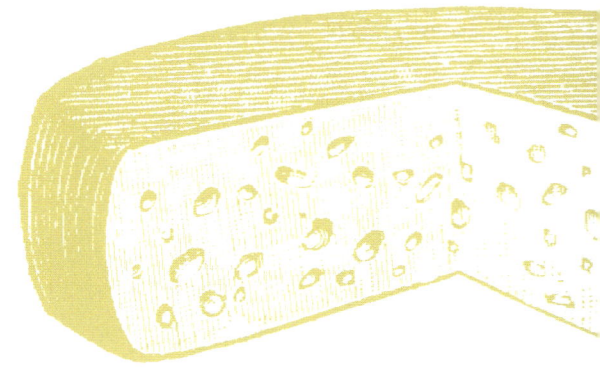

Schinken-Lauch-Auflauf mit Käsesauce

Ein ideales Gericht zum Abendbrot, wenn Sie Schinken übrighaben. Sie können sogar kleine Stücke rohen Schinken dazugeben – vielleicht sogar schon leicht angetrocknete Ränder der teuren italienischen oder französischen Schinkensorten. Das ergibt eine größere Geschmackstiefe.

FÜR 4 PERSONEN

2 Stangen Lauch, gewaschen und geputzt

500 g gekochter Schinken, in 2 cm große Würfel geschnitten

60 g Butter

60 g Mehl

600 ml heiße Milch

2 TL Dijon-Senf

100 g reifer Cheddar oder Gruyère, gerieben

Salz und Pfeffer

Den Backofen auf 200 °C vorheizen.

Den Lauch in Scheiben schneiden und 2 Minuten in einem Topf mit kochendem Salzwasser blanchieren, dann abtropfen lassen und kalt abschrecken. Beiseitestellen und gut abtropfen lassen.

Den Lauch mit den Schinkenwürfeln vermengen und in eine große Auflaufform geben, mit noch etwas Platz für die Sauce.

Die Butter in einem Topf zerlassen, dann das Mehl hinzugeben und unter kräftigem Rühren einige Minuten köcheln lassen. Unter ständigem Rühren langsam die Milch hinzugießen, sodass eine glatte, dicke Sauce entsteht – wird sie zu dünn, nicht die ganze Milch zugeben.

Vom Herd nehmen, den Senf und die Hälfte des Käses einrühren und abschmecken. Über die Schinken-Lauch-Mischung gießen, den restlichen Käse darüber streuen und den Auflauf 30 Minuten im Ofen backen, bis er gebräunt ist und Blasen wirft.

Schinken und Schellfisch

Ein gutes Beispiel für die Tradition, einfache Zutaten miteinander zu kombinieren, sodass sie etwas Neues und sehr Leckeres ergeben. Lebensmittel zu räuchern war ursprünglich eine Methode, sie haltbarer zu machen. Eigentlich gehört geräucherter Schinken in dieses Gericht, aber zusammen mit dem geräucherten Fisch und der Crème double wäre das etwas zu viel des Guten – daher nehme ich lieber eine Scheibe ungeräucherten Kochschinken, und fertig ist das leichte Abendessen!

FÜR 4 PERSONEN

4 kleine geräucherte Schell-
  fische, ungefärbt
2 TL Butter
4 Scheiben Kochschinken
5 EL Crème double
schwarzer Pfeffer

Den Backofengrill vorheizen. Den Fisch in ein wenig köchelndem Wasser etwa 4 Minuten pochieren, auf eine Servierplatte legen und warm halten, aber nicht austrocknen lassen. Die Pochierflüssigkeit beiseitestellen.

Die Butter in einer Pfanne erhitzen und den Schinken darin langsam heiß werden lassen. 1 Scheibe Schinken auf jeden Fisch legen.

Das Pochierwasser in die Pfanne gießen, dann die Crème double hinzugeben, mit Pfeffer abschmecken und leicht andicken lassen. Diese Sauce über Schinken und Fisch gießen und das Ganze kurz unter den heißen Grill stellen. Sofort servieren.

Pastete mit Schinken, Hühnchen und Pilzen

Schinken und Hühnchen passen gut zusammen. Sie können der Pastetenfüllung auch noch Kräuter oder gekochtes Gemüse hinzufügen. So eine Pastete ist ein prima Partygericht: Sie sieht eindrucksvoll aus, und die ganze Arbeit ist schon im Vorfeld erledigt, sodass Sie die Party genießen können.

FÜR 6–8 PERSONEN

FÜR DEN TEIG
150 g kalte Butter, gewürfelt
300 g Mehl, plus etwas mehr
  zum Bestäuben
$\frac{1}{2}$ TL Salz
75 ml Eiswasser
1 kleines Ei, verquirlt, zum
  Bestreichen

FÜR DIE FÜLLUNG
3 EL Olivenöl
500 g Hühnchenfleisch, gewürfelt
Salz und Pfeffer
1 Zwiebel, geschält und gehackt
2 Stangen Sellerie, fein gewürfelt
2 Möhren, geschält und fein gewürfelt
115 g Champignons, in Scheiben
  geschnitten
2 Knoblauchzehen, geschält und
  zerdrückt
350 g Kochschinken, gewürfelt

FÜR DIE SAUCE
50 g Butter
50 g Mehl
450 ml heiße Hühnerbrühe
100 ml Milch
80 g Crème double
Salz und Pfeffer
2 EL glatte Petersilie, gehackt

Aus Butter, Mehl und Salz mithilfe der Küchenmaschine eine krümelige Masse rühren, dann so viel kaltes Wasser hinzugießen, dass ein Teig entsteht – nicht gleich eine Kugel; die Butter soll in kleinen Stückchen erhalten bleiben und nicht cremig werden. Von Hand eine Kugel formen, abdecken und 30 Minuten ruhen lassen.

Für die Füllung 2 Esslöffel Olivenöl in einem Topf erhitzen. Das gewürzte Hühnchenfleisch etwa 8 Minuten darin anbräunen, dann beiseitestellen. Ggf. noch etwas Öl in die Pfanne geben und darin Zwiebel, Sellerie, Möhren und Pilze weich dünsten. Den Knoblauch zugeben und weitere 3 Minuten dünsten, dann alles beiseitestellen. Den Backofen auf 190 °C vorheizen.

Für die Sauce die Butter in einem großen Topf zerlassen und das Mehl einrühren. Einige Minuten unter Rühren köcheln lassen, nach und nach die heiße Brühe einrühren und zum Kochen bringen, dann unter Rühren Milch und Crème double hinzugeben. 5 Minuten köcheln lassen, dann salzen und pfeffern und die Petersilie hinzugeben.

Den Schinken mit dem Hühnchenfleisch und dem Gemüse vermengen, dann die Sauce dazugießen und gut daruntermischen. In eine Pie-Form mit 1,5 l Fassungsvermögen geben.

Den Teig auf einer leicht bemehlten Arbeitsfläche gute 2 cm breiter als die Form ausrollen. Die Ränder der Form mit etwas Ei bestreichen, den Teig obenauf legen und an den Seiten andrücken. Einen schönen Rand formen. Mit dem restlichen Ei bestreichen und im Ofen etwa 50 Minuten backen, bis die Pastete schön braun ist.

Feijoada

Dieses brasilianische Nationalgericht entstand als „Arbeitereintopf", in dem, ähnlich wie beim französischen *cassoulet*, Bohnen und Fleisch zusammen gekocht werden. Traditionell werden alle möglichen Teile des Schweins, von den Ohren bis zu den Füßen, mitgekocht, aber diese Version kommt mit vertrauten Zutaten aus. Vielleicht gibt es in Ihrer Nähe einen portugiesischen Spezialitätenladen, der gesalzene Rippchen verkauft. Diese sollten Sie über Nacht zusammen mit den Bohnen einweichen. Ansonsten frische Rippchen verwenden.

FÜR 6–8 PERSONEN

500 g getrocknete schwarze Bohnen

1 geräucherte Schweinshaxe à ca. 1,3 kg

6–8 Schweinerippchen

1 Schweinefuß, gespalten und abgespült

2 große Knoblauchzehen, geschält und gehackt

4 Lorbeerblätter

400 g Knoblauchwurst, in Stücke geschnitten

4 kleine, saftige Orangen, geschält und in Scheiben geschnitten

Am Vortag die Bohnen durchspülen, mit kaltem Wasser bedecken und über Nacht einweichen. Auch die Haxe über Nacht in kaltem Wasser einweichen.

Die Bohnen durchspülen und zusammen mit Haxe, Rippchen, Fuß, Knoblauch und Lorbeerblättern in einen großen Schmortopf geben. Mit Wasser bedecken und zum Kochen bringen, den Schaum abschöpfen. Die Hitze reduzieren und alles ohne Deckel unter gelegentlichem Schaumabschöpfen 2 $\frac{1}{2}$ Stunden schmoren. Eine Kelle Bohnen herausnehmen und mit einer Gabel pürieren, dann wieder in den Topf geben. Die Knoblauchwurst hinzufügen und das Ganze weitere 30 Minuten schmoren.

Zum Servieren die Orangenscheiben auf den Eintopf legen und die Feijoada direkt aus dem Topf auf die Teller geben. Dazu schmeckt luftig gedämpfter Reis.

Tomaten-Schinken-Törtchen mit Kräutern

Für Notsituationen, in denen man einen schnellen ersten Gang fürs Menü braucht, habe ich immer ein paar Portionen Fertigteig in der Gefriertruhe. Man kann dann einfach den Teig mit ein paar klein geschnittenen Tomaten belegen, diese mit Speck, gerösteter Paprika oder Oliven bestreuen – und ab in den heißen Ofen damit! Heraus kommen knusprige, leckere Törtchen. Der Schinken kann durch Rohschinken oder Speck ersetzt werden. Sie können auch weitere oder andere Kräuter verwenden – wenn gerade Saison ist, passt Bärlauch gut.

FÜR 4 TÖRTCHEN

Mehl zum Bestäuben
300 g Blätterteig
150 g Kochschinken
2 EL Olivenöl extra vergine
20 Cherrytomaten, halbiert
2 Knoblauchzehen, geschält
  und gehackt
2 TL Basilikum oder
  Thymian, gehackt
schwarzer Pfeffer

Den Backofen auf 190 °C vorheizen.

Den Teig auf einer leicht bemehlten Arbeitsfläche ausrollen, aber nicht zu dünn. 4 Kreise mit je etwa 15 cm Durchmesser ausschneiden. Mithilfe einer Untertasse in jeden Kreis etwa 1 cm vom Rand entfernt rundherum eine Vertiefung drücken. Zunächst in den Kühl- oder Gefrierschrank stellen.

Den Schinken grob zerzupfen und mit ein wenig Olivenöl vermischen.

Die Tomaten und den Knoblauch in einer Schüssel großzügig mit Olivenöl, den Kräutern und dem Pfeffer mischen. Die inneren Kreise der Teigkreise mit dem Schinken belegen, dann die Tomaten daraufgeben. Im Ofen etwa 15 Minuten backen, bis die Törtchen goldbraun und knusprig sind. Ein paar Minuten ruhen lassen, dann mit einem Spritzer Olivenöl servieren.

Schinken mit Spargel und Sauce hollandaise

Eines dieser köstlichen Gerichte, die man als ersten Gang oder auch als komplette Mahlzeit genießen kann. Auf gar keinen Fall Spargel aus dem Glas verwenden, denn hier braucht man die Konsistenz frischen Spargels. Der heimische weiße Spargel schmeckt am besten.

FÜR 4 PERSONEN

20 Stangen Spargel, ge-
schält und in die gleiche
Länge wie der Schinken
geschnitten
4 große Scheiben gekoch-
ter Schinken

**FÜR DIE SAUCE
HOLLANDAISE**
2 Eigelb
1 EL trockener Weißwein
200 g Butter, zerlassen
Saft von $\frac{1}{2}$ Zitrone
Salz und schwarzer Pfeffer

Zuerst die Sauce anrühren, denn die kann warm gehalten werden. Die zerlassene Butter darf dabei nicht zu heiß sein, sonst stockt das Eigelb.

In einem Topf aus rostfreiem Stahl Eigelb und Wein bei geringer Hitze verquirlen, bis sie leicht andicken; den Topf zwischendurch immer wieder vom Herd nehmen, damit die Eier nicht stocken. Die Masse ist fertig, wenn die Spuren des Schneebesens deutlich sichtbar sind.

Vom Herd nehmen und den Topf auf einem feuchten Tuch auf die Arbeitsfläche stellen. Unter ständigem Rühren langsam die zerlassene Butter in die Mischung geben, sodass eine cremige, dicke Sauce entsteht. Mit Zitronensaft, Salz und Pfeffer abschmecken und warm stellen.

Den Spargel in einem Topf mit kochendem Salzwasser etwa 7 Minuten kochen – Sie sollten 1 cm unterhalb der Spargelspitze ein scharfes Messer hindurchstechen können. Herausnehmen und gut abtropfen lassen.

Auf 4 vorgewärmte Teller je 5 Spargelstangen legen. Den Schinken darauf anrichten, dann großzügig die Sauce darüber verteilen. Sie können das Ganze auch noch unter dem heißen Grill etwas bräunen, aber notwendig ist das nicht.

Erbspüree nach englischer Art

„Pease pudding hot, pease pudding cold
Pease pudding in the pot, nine days old
Some like it hot, some like it cold
Some like it in the pot, nine days old."

Dieser alte Kinderreim handelt von einem der ältesten Gerichte der englischen Küche. Pease pudding, also Erbspüree, wurde früher aus alten, mehligen Erbsen gemacht und mit gekochtem Speck oder Schinken serviert. Die über Nacht eingeweichten Erbsen wurden mit Minze und mitunter etwas Zucker gewürzt und in einem eingefetteten Musselintuch in einen Topf gehängt, in dem schon ein Stück Schinken oder Speck schmorte, wie bei dem „wunderbar gebetteten Schinken" (siehe S. 120). Diese Version, aus Elisabeth Luards wunderbarem Buch *European Peasant Cookery*, schmeckt sehr gut zu Würstchen oder Schweinebraten.

FÜR 6–8 PERSONEN

500 g getrocknete Erbsen
  oder Schälerbsen
Wasser oder Schinken-Sud
  (wenn Sie einen Schin-
  kenknochen haben, den
  Sie mit ins Wasser legen
  können, umso besser)
1 kleiner Bund frische
  Minze
50 g Butter
Salz und schwarzer Pfeffer,
  gemahlen

Die getrockneten Erbsen einige Stunden oder über Nacht in kaltem Wasser einweichen. Abtropfen lassen, in einen Topf geben und mit dem Wasser oder der Schinkenflüssigkeit bedecken. Wird Wasser verwendet, Minze, Pfeffer und Salz hinzugeben und etwa 1 Stunde bei geringer Hitze köcheln lassen, bis die Erbsen weich sind.

Den Backofen auf 160 °C vorheizen. Die Erbsen abgießen und die Minze herausnehmen, dann die Erbsen mit der Butter zerstampfen und abschmecken. Das Püree in eine ofenfeste Schüssel geben, mit gebutterter Folie abdecken, in eine Bain-Marie stellen und im Ofen 1 Stunde garen. Wie der Kinderreim schon sagt: Das Gericht kann auch gut aufgewärmt werden.

Erbsensuppe mit Schinken

Varianten dieses Gerichts findet man in der Landküche ganz Nordeuropas; in der schottischen Küche war es bis weit ins 20. Jahrhundert ein sehr häufiges Essen. Das Hinzufügen von Sahne und/oder Butter am Schluss ist optional. Und Vorsicht beim Salz: Vielleicht brauchen Sie gar nicht extra zu salzen, weil der Schinkenknochen schon salzig genug ist.

FÜR 6–8 PERSONEN

225 g getrocknete gelbe
  Erbsen
2 Kartoffeln
1 Möhre
2,5 l Schinken-Sud oder
  kaltes Wasser
1 Schinkenknochen
1 frisches *Bouquet garni*
Pfeffer
225 g geräucherte Wurst, in
  Scheiben geschnitten
3 EL Crème double oder
  Butter
Salz

Am Vorabend die Erbsen durchspülen und über Nacht in kaltem Wasser einweichen.

Am nächsten Tag die Kartoffeln und die Möhre schälen und grob würfeln. Die Erbsen abtropfen lassen und mit dem Kochsud oder dem Wasser sowie dem Knochen in einen Topf geben. Das *Bouquet garni* und etwas Pfeffer zugeben und alles zum Kochen bringen, dabei den Schaum abschöpfen. 1 1/2 Stunden köcheln lassen.

Das *Bouquet garni* und den Knochen herausnehmen (kleine Stücke Schinken, die noch daran hängen, dürfen gerne in die Suppe fallen). Etwas abkühlen lassen, dann pürieren und wieder in den Topf geben. Die Wurststücke hinzugeben und weitere 15 Minuten köcheln lassen.

Abschmecken und in vorgewärmten Schälchen mit etwas Crème double oder traditionellerweise mit einem Stich Butter servieren.

SCHINKENSANDWICH MIT HONIG, SENF & FELDSALAT

Kalter gekochter Schinken ist ein Genuss. Mit Gewürzgurken oder Mostarda wird aus ihm ein Salat – und das funktioniert auch auf einem Sandwich. Probieren Sie Schinkenscheiben mit (gut gewaschenem) Feldsalat: Ein Vollkorn-Toastbrot mit Honigsenf bestreichen, viel Feldsalat darauflegen und eine dicke Scheibe Schinken. Salz und Pfeffer braucht man nicht, denn der Feldsalat liefert die Schärfe und der Schinken das Salz.

SCHINKENBAGUETTE MIT BRIE & TOMATE

Kalter gekochter Schinken schmeckt auch gut auf einem Baguette: Die knusprige Brotkruste harmoniert mit weichem Käse und Tomaten. Ein mittellanges Baguette (oder ein Stück von einem langen Baguette) längs an einer Seite aufschneiden. Mit Honigsenf oder mildem Senf bestreichen, 4 Scheiben Tomate darauflegen und mit Meersalz und Olivenöl würzen. 2 lange dünne Streifen Brie in die Mitte legen (es muss nicht alles ausgefüllt sein – außer Sie wollen es!). Eine oder mehrere Scheiben Schinken darauflegen, zuklappen und essen!

DAS SCHINKEN-SANDWICH

Schinken ist immer ein köstlicher Brotbelag, der mit unendlich vielen anderen Zutaten kombiniert werden kann. Hier sind drei meiner Lieblingskombinationen. Das Brot können Sie natürlich auch rösten, oder Sie können als warme Alternative Schinken-Käse-Toasties machen.

CROISSANT MIT PROSCIUTTO & OLIVE

Ich liebe Croissant-Sandwiches! Das Croissant aufschneiden und die untere Hälfte mit einer dünnen Schicht schwarzer Olivenpaste bestreichen. Darauf Rucolablätter legen. 4 dünne Scheiben luftgetrockneten Schinken einrollen und darauflegen, einen Spritzer Olivenöl dazu, zuklappen und essen!

Ein Lob der bescheidenen Wurst

Überall auf der Welt isst man Würste – in allen Formen und Größen, in zahllosen verschiedenen Geschmacksrichtungen und mit unterschiedlichen Würzungen. Nach dem Schlachten eines Schweins wurden Würste ursprünglich gemacht, um die nach dem Zerlegen des Schlachtkörpers übrig gebliebenen essbaren Teile haltbar zu machen. Sie wurden entweder frisch verzehrt oder für den zukünftigen Gebrauch luftgetrocknet und/oder geräuchert. Das lateinische Wort *salsus*, von dem sich das englische *sausage* und das französische *saucisson* ableiten, bedeutet eingesalzen oder haltbar gemacht. Eine Wurst ist ihrer Grunddefinition nach eine Mischung gehackter Fleischstücke, Aromen und Gewürze, die in eine Umhüllung gefüllt werden (früher war das immer ein Tierdarm, heute nur noch selten). Die Vielfalt der vielen unterschiedlichen leckeren Wurstsorten resultiert aus dem kreativen Einsatz der Zutaten und aus den angewendeten Pökeltechniken der Metzger über die Jahrhunderte hinweg.

Die Sumerer (im heutigen Irak) machten schon vor 5000 Jahren Wurst, und im antiken Griechenland und Rom wurden verschiedene Würste als heißer Imbiss an Straßenständen verkauft. Würstchenverkäufer boten ihre Ware auch dem Publikum in den griechischen Theatern an. Die Römer verbreiteten die Wurst – geräuchert und ungeräuchert – in alle Länder ihres großen Reiches, wo sie dann nach und nach nationale Charakteristiken annahm.

Die drei Hauptkategorien der Wurst sind: frische, rohe Würste, die gekocht oder gebraten werden müssen, gebrühte oder teilweise gebrühte Würste wie Fleischwurst oder Frankfurter Würstchen, die warm oder kalt gegessen werden können, und gepökelte Würste wie Salami, die luftgetrocknet und/oder geräuchert sind und meist aufgeschnitten und kalt verzehrt werden.

Beim Kauf frischer Würste sollten Sie nach prallen Exemplaren mit einem hohen Fleischanteil (70 Prozent oder mehr) und Naturdarm Ausschau halten. Bei guten Würsten kommt Naturdarm zum Einsatz, der leicht porös ist, sodass die Wurst erhitzt werden kann, ohne aufzuplatzen. Künstliche Wursthüllen aus Kollagen oder Zellulose sind meist zäh und setzen in der Pfanne an, wenn die Würstchen gebraten werden. Stechen Sie Würstchen nie an – sie sollten so langsam gekocht oder gebraten werden, dass die Haut nicht aufplatzt und die Wurst durchgegart, aber noch saftig ist.

Gepökelte Würste werden häufig in den Mittelmeerländern gegessen, wo das warme, trockene Klima ideal zum Lufttrocknen von Würsten und anderen Fleischprodukten ist. Gepökelte Würste werden haltbar gemacht, indem das rohe, zerkleinerte Fleisch mit Salz, Salpeter, Gewürzen und manchmal Alkohol vermengt wird. Die Mischung wird in Hüllen gefüllt und eine bestimmte Zeit getrocknet. Salpeter verhindert das Auftreten schädlicher Bakterien; auch die Gewürze unterstützen die Haltbarmachung. Während der Trocknungszeit produzieren bestimmte Bakterien Milchsäure und verleihen der Wurst einen angenehm säurehaltigen Geschmack. Durch das Trocknen schrumpft die Wurst und kann bis zur Hälfte ihres Ursprungsgewichts verlieren. Gepökelte Würste können auch geräuchert werden, was ein Bakterienwachstum zusätzlich hemmt.

DIE VERSCHIEDENEN WURSTSORTEN

Würste sind in ganz Europa nach wie vor enorm beliebt – etablierte Traditionssorten genauso wie neue, innovative Geschmackskombinationen.

Großbritannien

Es sollen die Römer gewesen sein, die die Würste nach Großbritannien brachten: Sie liebten stark gewürzte Würste, die für die römischen Legionen einen nahrhaften und praktischen Proviant darstellten und ideal waren, um bei der Schweineschlachtung übrig gebliebene Kleinteile zu verarbeiten. Die normannischen Eroberer brachten ihre eigenen Würste mit, und auch diese verbreiteten sich rasch in ganz Großbritannien. Würste und Blutwurst gab es in mittelalterlichen englischen Städten in Garküchen zu kaufen, und Heinrich V. erklärte: „Krieg ohne Feuer ist wie Wurst ohne Senf."

Neue Entwicklungen in der Wurstherstellung gab es im 17. Jahrhundert: Würste wurden zu langen Ketten verbunden, und die Wurst ohne Pelle wurde eingeführt. Letzteres war ein Geschenk des Himmels, denn nun musste man keine Därme mehr ausspülen und füllen. Wurstbrät wurde auch in kleinen Töpfen verkauft, sodass der Koch daraus so viele Würste machen konnte, wie er brauchte.

Heute gibt es in Großbritannien unendlich viele Wurstsorten. Eine der beliebtesten ist die *Cumberland sausage*, eine große, grobe Bratwurst mit schwarzem Pfeffer, die seit alters her zur Schnecke gerollt verkauft und eher nach Länge als nach Gewicht abgerechnet wird. Andere beliebte Sorten sind Lincolnshire-Würste aus Schweinefleisch, Brot und Salbei (manchmal auch Thymian), Gloucester-Würste, die aus dem Fleisch der Gloucester-Old-Spot-Schweine hergestellt werden und ebenfalls Salbei enthalten, die schottischen Lorne-Würste aus Schweine- und Rindfleisch, deren glatte, eckige Form an Leberkäse erinnert, Oxford-Würste aus Schweine- und Kalbfleisch, die mit Zitrone, Salbei, Bohnenkraut und Majoran gewürzt werden, und die groben Suffolk-Würste, die ähnlich wie die Lincolnshire-Würste mit Kräutern verfeinert werden.

Würste aus Biofleisch und Fleisch von seltenen Rassen schmecken besonders gut und erfreuen sich wachsender Beliebtheit. Es gibt viele neue Kleinbetriebe, die eine fantastische Vielfalt an Wurstspezialitäten mit verlockenden Aromen kreiert haben, z.B. Fasan mit Wildschwein, Schweinefleisch mit Banane oder Schweinefleisch mit Stilton-Käse. Daraus entstanden ganz neue Gourmetgerichte, die etwas raffinierter sind als die guten alten *bangers and mash* (Würstchen mit Kartoffelbrei).

Saveloys, leuchtend rote Brühwürstchen aus stark gewürztem Schweinefleisch, sind besonders in Südengland populär. Der Name kommt vom
französischen *cervelas*, was wiederum vom lateinischen *cerebellum* stammt,
was so viel wie Gehirn bedeutet. Heute werden *Saveloys* aber nicht mehr
aus Schweinehirn hergestellt.

Fleischwurst bzw. Lyoner ist eine Brühwurst aus Schweinefleisch mit
einer rötlichen Hülle, die meist kalt als Aufschnitt gegessen wird. In
Großbritannien heißt sie *polony*, was entweder auf die italienische
Stadt Bologna oder aber auf polnische Wurst verweist. *Polony* aus fein
zermahlenem, magerem Schweinefleisch, Fett und Zwieback war schon
im England des 17. Jahrhunderts bekannt und hatte schon immer eine
rosa Farbe, die durch Salpeter, Rotwein oder Karmin zustande kam.
Meist wurde die Wurst mit Nelken, Muskatblüte, Muskat und Kümmel
gewürzt, manchmal auch mit Salbei und Thymian. Sie wurde einige Tage
geräuchert, dann getrocknet und einige Monate gelagert. Früher war
die Fleischwurst aus Bath und aus Sheffield die berühmteste. Einige
Metzger stellen immer noch ihre eigene *polony* her, die der kommerziell
hergestellten weit überlegen ist.

Würste kommen in einigen der beliebtesten britischen Gerichte vor, z.B.
Toad in the hole (im Ofen gebackene Bratwürste in einer Teighülle), *sausage
rolls* (Würstchen im Schlafrock, siehe S. 176) und *scotch eggs* (schottische
Eier, siehe S. 174). Letztere stammen nicht eigentlich aus Schottland – der
Name kommt eher daher, dass sie in fein gehacktes Fleisch gehüllt sind,
was im England des 18. Jahrhunderts als „scotcht" bezeichnet wurde.

Würstchen sind lecker und vielseitig, sie werden zum Frühstück,
Mittagessen, Abendessen und zwischendurch verzehrt. Kleine Würstchen
sind ein wichtiger Bestandteil des berühmten *Full English Breakfast*,
zusammen mit Speck und Eiern. Auch beim Grillen sind sie beliebt, für
den heißen Grill aber gar nicht unbedingt geeignet: Fast jeder kennt die
Erfahrung, dass die Würstchen außen verbrannt, innen aber noch roh
sind … Die Lösung ist, die Würstchen zuerst 30 Minuten in kochendem
Wasser zu pochieren und sie dann 10 Minuten zu grillen, um sie zu
bräunen und ihnen das rauchige Barbecuearoma zu verleihen.

Auf jeden Fall lieben die Briten Würstchen: Im Vereinigten Königreich
werden jeden Tag 5 Millionen davon verspeist. Sie gehörten zu den wenigen
Lebensmitteln, die im Zweiten Weltkrieg nicht rationiert waren. Damals
machten sie ihrem Spitznamen *bangers* alle Ehre, denn sie enthielten so viel
Wasser, dass sie beim Braten „explodierten". Heute gibt es eine nationale
Wurstwoche sowie regionale und nationale Wettbewerbe für die besten
Würste Großbritanniens – das höchste der Gefühle ist der Preis *Champion of
Champions.*

Frankreich

In Frankreich heißen Würstchen *saucisses* oder *saucissons*, egal ob gepökelt oder geräuchert. Sie werden überall von *charcutiers* verkauft, und es gibt viele regional verschiedene Würste, von denen einige wegen ihrer außergewöhnlichen Qualität und ihres Geschmacks besonders renommiert sind.

Die Kunst der Wurstherstellung lässt sich in Lyon bis ins 14. Jahrhundert zurückverfolgen. *Rosette de Lyon*, eine getrocknete Salami, wird aus sorgfältig ausgewählten Fleischstücken hergestellt, mit Rotwein und *Quatre-épices* (Viergewürz) gewürzt und in Mastdarm gefüllt, welcher an jenem Teil des Schweins endet, den man euphemistisch „Rosette" nennt, daher der Name. Die grobe, luftgetrocknete Wurst ist wegen ihres vollmundigen Weingeschmacks wohl die angesehenste gepökelte Wurst Frankreichs.

Besonders die bergigen Regionen Frankreichs sind für ihre Würste berühmt. In den Cevennen in Südfrankreich sind Wildschweinwürste *(saucissons de sanglier)* beliebt, wie auch Würste, die Paprika, Äpfel oder Kastanien enthalten. *La rayolette* ist eine traditionelle Wurst der Region: Eine Mischung aus fettem und magerem Fleisch wird für 3 Tage eingesalzen, dann werden Gewürze und ein Spritzer Alkohol hinzugefügt, die Wurst wird in Form gebracht und 2 Monate lang getrocknet. Sie wird meist im Ganzen verkauft.

Lozère, ein Departement in den Cevennen, hat eine lange Tradition der Schinken- und Wurstherstellung, perfektioniert durch die kühle, trockene Bergluft. *La saucisse sèche Lozérienne* wird immer aus reinem Schweinefleisch im Naturdarm gemacht, doch hat jeder Metzger seine eigenen Rezepte und Methoden. Diese Wurst gibt es am Stück oder aufgeschnitten. *La saucisse d'herbe Lozérienne* heißt eine weitere Spezialität: das einzige traditionelle Rezept, bei dem Fleisch nicht nur Gewürze und Kräuter, sondern auch Blattgemüse beigegeben werden (meist eine Kombination aus Mangold, Kohl und Löwenzahnblättern). Manche Metzger geben auch noch Kartoffeln dazu. Diese Wurst schmeckt gegrillt, gebraten oder in einem Auflauf am besten.

Das pittoreske Troyes, ehemalige Hauptstadt der Region Champagne, ist berühmt für seine *andouillettes* – kleine, frische Würstchen aus Schweineinnereien, die von anderen Regionen gern imitiert werden. Sie werden üblicherweise gegrillt und warm serviert; besonders gut schmecken sie mit in Butter gebratenen Äpfeln. Ludwig II. aß sie nach seiner Krönung in Troyes im Jahr 878, und sowohl Ludwig XIV. als auch Napoleon aßen *andouillettes*, als sie in der Stadt weilten. Die *Association Amicale des Amateurs d'Andouillette Authentique* repräsentiert und bewirbt diese Spezialität in ganz Frankreich.

Saucisse de Toulouse ist eine lange, frische Wurst aus grob zerkleinertem Schweinefleisch, meist mit Pfeffer gewürzt, manchmal auch mit Wein und Knoblauch. In Frankreich ist sie aus dem *cassoulet* (siehe S. 238) nicht wegzudenken.

Saucisse de Morteau, auch unter dem Namen *Belle de Morteau* bekannt, stammt aus dem kleinen Jura-Städtchen Morteau in der bergigen Region Franche-Comté in Ostfrankreich. Sie wird aus Schweinen gemacht, die in der Region auf traditionelle Art gemästet wurden. Außerdem müssen die Würste, um als *Saucisse de Morteau* zu gelten, mindestens 48 Stunden in althergebrachten pyramidenförmigen Kaminen namens *tuyé* über Nadel- und Wacholderholz geräuchert werden. Als regionale Spezialität haben sie den g.g.A.-Status (siehe S. 109). *Jésus*, eine größere, fettere Version, soll durch ihre Ähnlichkeit mit einem Wickelkind zu ihrem Namen gekommen sein. Sie wird traditionell zu *Réveillon*, der Mahlzeit nach der nächtlichen Christmette am Heiligen Abend, serviert. Morteau ist so bekannt für seine Würste, dass die Stadt ihnen jeden Sommer ein Festival widmet. Neben einer Parade gibt es dabei einen großen Markt mit vielen Gelegenheiten, die berühmten Würste zu probieren.

Auf Korsika werden *figatelli*, geräucherte Würste aus Schweineleber und anderen Innereien wie Nieren, sehr geschätzt und oft über dem offenen Feuer gegart, sodass überschüssiges Fett entweichen kann.

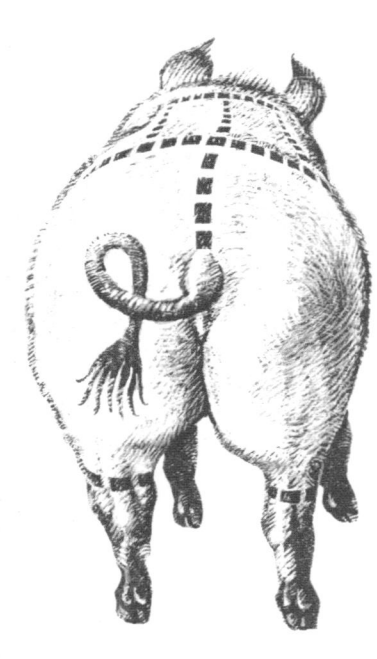

Die Auvergne in Zentralfrankreich ist ebenfalls für ihre Schweinefleischspezialitäten bekannt, vor allem luftgetrocknete Würste und Schinken sowie verschiedene Terrinen. *Pounti* ist eine lokale Delikatesse, die je nach Koch ganz unterschiedlich zubereitet wird (siehe S. 184). Ursprünglich war das Gericht einfach eine leckere Methode, Reste zu verwerten. *Pounti* ist eine Art Terrine, eine Kreuzung zwischen Hackbraten und Soufflé. Es enthält Schweinehack oder Speck, Eier, Milch, Mehl, Zwiebeln oder Schalotten, ein grünes Blattgemüse (meist Mangold oder Spinat), frische Kräuter (Kerbel, Estragon, Petersilie) und Backpflaumen oder Rosinen. Manche Köche legen die Backpflaumen vorher in warmen, leicht gesüßten Tee ein, während andere Schinken, Brot vom Vortag oder Gewürze hinzugeben. Die Zutaten werden vermengt und gut gewürzt; der *pounti* wird in einer Form gebacken und zum Servieren in Scheiben geschnitten. Im Frühling sind manchmal auch Löwenzahnblätter und/oder Sauerampfer dabei. Wenn er gut gemacht und nicht zu fett ist, schmeckt der *pounti* gerade wegen seiner ungewöhnlichen Zutatenkombination unwiderstehlich; die Pflaumen liefern dazu noch eine süß-fruchtige Note.

Rillettes (ausgesprochen „ri-jett") sind eine Spezialität des Loire-Tals, wo man sie seit Hunderten von Jahren genießt (siehe S. 202). *Rillettes* sind ein Brotaufstrich, meist aus Schweinefleisch. Wie so viele andere französische Gourmetspezialitäten waren sie ursprünglich ein bäuerliches Essen, das dazu diente, kleine Fleischstücke zu konservieren. Die Fleischfasern wurden langsam im eigenen Fett gegart und dann unter einer Schutzschicht aus geschmolzenem Fett in verschließbare Gläser gefüllt, sodass sie an einem kühlen Ort monatelang haltbar waren.

Mamers, eine Stadt im Departement Sarthe, gilt als *Rillettes*-Hauptstadt und besitzt sogar einen *Rillettes*-Bund, die *Chevaliers des Rillettes Sarthoises*, die ihre Delikatesse im französischsprachigen Teil Europas bewerben und einen jährlichen Wettbewerb organisieren, an dem etwa 200 französische und belgische *Rillettes*-Hersteller teilnehmen.

Industriell hergestellte frische *Rillettes* halten sich im Kühlschrank einige Wochen, wenn die Fettschicht noch intakt ist. Sie werden auch in Einmachgläsern verkauft und halten sich dann ungeöffnet ein Jahr. *Rillettes* serviert man nie gekühlt, sondern immer zimmerwarm. Man isst sie mit Baguette, Toast oder gutem französischem Brot und einem leicht bitteren Blattsalat, der ihre Schwere ausgleicht.

Deutschland

Wurst in unterschiedlicher Form ist in Deutschland ein Hauptnahrungs-mittel; der Durchschnittsdeutsche verzehrt beachtliche 30 kg Wurst im Jahr. Jede Region hat ihre eigenen köstlichen Wurstspezialitäten – es gibt über 1000 Sorten, von denen viele auch über die Grenzen Deutschlands hinaus berühmt sind.

Deutsche Wurst wird eingeteilt in *Brühwurst* (gekochte Wurst aus feinem Brät), *Kochwurst* (Wurst aus gekochten Zutaten) und *Rohwurst* (Wurst aus rohem Fleisch, meist getrocknet oder geräuchert); Letztere ist eine norddeutsche Spezialität.

60 Prozent aller in Deutschland hergestellten Würste fallen in die Kategorie *Brühwurst*. Alle *Brühwurst*-Varianten sind frisch; sie sollten im Kühlschrank aufbewahrt und so bald wie möglich verzehrt werden. Zu den bekanntesten zählen die *Frankfurter Würstchen* aus magerem, fein gehacktem Schweinefleisch, Salz, Speckfett und Gewürzen, die geräuchert werden, *Knackwurst*, die der Frankfurter ähnelt, aber dicker und kürzer ist (der Name kommt von dem Geräusch, das entsteht, wenn man in die Wurst beißt), *Bockwurst*, die größer ist als eine Frankfurter Wurst und auch Rindfleisch enthält, *Schinkenwurst*, eine westfälische Spezialität, die aus gekuttertem Muskelfleisch des Schweins besteht (sie muss mehr als 50 Prozent Schinken enthalten), *Fleischwurst*, eine saftige, feine, aromatische Wurst mit einer rosa oder hellbraunen Farbe, *Bierwurst*, eine rosarote, sehr feine, ovale Wurst aus einer Mischung aus

fein gehacktem Schweine- und Rindfleisch sowie manchmal Knoblauch. Trotz ihres Namens enthält sie kein Bier – vermutlich heißt sie so, weil sie gut zu Bier passt. *Bierschinken* wiederum ist ein Aufschnitt mit groben Schinkenstücken und Pistazien.

Die sehr helle, milde *Weißwurst* ist eine Münchner Spezialität aus Kalb- und Schweinefleisch, Sahne und Eiern. Es heißt, dass sie 1857 von einem jungen Münchner Metzger, Sepp Moser, erfunden wurde, als er keine dicken Wursthüllen mehr hatte. Da füllte er dünnere Hüllen mit Fleisch und kochte sie 10 Minuten, um sie fester zu machen. Seine Kunden liebten diese leckeren Würste, und seither sind sie in Bayern eine Spezialität.

Kochwurst besteht vorwiegend aus zuvor gegarten Zutaten; sie ist nicht zur langen Aufbewahrung gedacht. *Leberwurst* ist die bekannteste Kochwurst; es gibt sie in vielen Varianten. Sie muss immer mindestens 10 Prozent Leber enthalten; die besten Sorten enthalten über 25 Prozent.

Rohwurst gibt es als Aufschnitt (z.B. *Salami, Zervelatwurst, Knoblauchwurst*) und Streichwurst, z.B. *Teewurst* (sehr feine Wurst) oder *Pfeffersäckchen*. Berühmt ist auch die *Streichmettwurst nach Braunschweiger Art*. Streichwurst hat mehr Fett als Aufschnitt – es ist das Fett, dass sie streichfähig macht. *Katenrauchwurst* ist eine grobe, sehr feste Wurst, die fast nur aus Schweinefleisch besteht. Sie wird sehr lange geräuchert und schmeckt daher stark würzig. *Mettwurst* wird aus mild geräuchertem Schweine- und Rindfleisch gemacht, kann fein oder grob sein und in der weichen Form als Aufstrich verwendet werden. Auch die *Bratwurst* fällt in diese Kategorie, obwohl sie nicht gepökelt und manchmal vorgebrüht ist. Die berühmteste Grillwurst Deutschlands ist das *Nürnberger Würstchen*, gefolgt von der *Thüringer Rostbratwurst*.

Auch Innereien werden für deutsche Würste verwendet: *Sülzwurst* enthält Schweinefleisch aus dem Kopf oder dem Bein und wird durch eine pikante Weinessig-Gelatine zusammengehalten; *Zungenwurst* enthält Stücke aus Zunge sowie Leber und wird mit schwarzem Pfeffer, manchmal auch mit Paprika oder Muskat, gewürzt; sie ist glatter als die Sülzwurst. *Herzwurst* enthält Schweineherz; *Trüffel-Leberwurst* wird aus Schweinefleisch, Schweineleber und Trüffeln gemacht. *Mecklenburger Leberwurst* besteht aus gehackter, frischer Schweineleber, magerem, gekochtem Schweinehackfleisch, fein gehackten Nieren, Zunge und etwas Rückenfett. Nach dem Einfüllen in die Hüllen werden die Würste 30 Minuten gekocht und dann getrocknet oder geräuchert.

Osteuropa

In Osteuropa sind Würste in unzähligen Formen, Sorten und Geschmacksrichtungen Grundpfeiler vieler nationaler Küchentraditionen. Einige der bekanntesten sind:

Cevapcici sind Würstchen ohne Hüllen, die aus einer gehackten Fleischmischung (Schwein, Lamm, Rind) gemacht werden. Sie werden gegrillt oder gebraten und sind am häufigsten in Kroatien, Serbien und Bosnien anzutreffen.

Debrecziner Würstel, nach der Stadt Debrecen in Ungarn benannt, sind würzige Schweinswürstel, meist leicht geräuchert, mit einer orangeroten Färbung, die von dem enthaltenen Paprikapulver stammt.

Kranjska Kobasica (Krainer Wurst) ist eine slowenische Wurst aus grobem Schweinefleisch, Speck, Knoblauch und schwarzem Pfeffer. Enthält sie einen Käseanteil, ist sie ein *Käsekrainer*.

Kielbasa, eine polnische Wurst, gibt es in zahlreichen Varianten. Sie besteht aus zartem Schweinefleisch (etwas Rind oder Kalb wird manchmal hinzugefügt), frischen Kräutern und Gewürzen und wird stets so lange zart geräuchert, bis die richtige Farbe und das richtige Aroma erreicht sind. Sie wird gekocht, gebacken oder gegrillt und mit gebratenen Zwiebeln, rotem Rettich (und Roter Bete) und Senf gegessen. *Kielbasa* kann auch zur Füllung von *pierogi* gehören, den halbmondförmigen Teigtaschen, die ansonsten mit Kartoffeln, Käse oder Pilzen gefüllt werden. *Kielbasa* schmeckt auch zu Sauerkraut, in Suppen und Eintöpfen – vor allem in *bigos*, dem polnischen Nationalgericht (siehe S. 193). Weitere Würste sind *kabanos*, eine dünne Räucherwurst mit Pfeffer und Kümmel, und *szynka sznurowana*, eine in ganz Polen beliebte, geräucherte Schinkenwurst (*szynka* = Schinken).

Als Letztes sei *lukanka* genannt, eine geräucherte, trocken gepökelte bulgarische Salami, die traditionell aus Schweine-, Rind- und Kalbfleisch, schwarzem Pfeffer, Kreuzkümmel, Salz und Bockshornklee oder Kümmelkörnern gemacht, dann bis zu 90 Tage getrocknet und bis zu 4 Tage geräuchert wird.

Italien

Im Mittelalter war der Wurstverkäufer in italienischen Städten ein vertrauter Anblick; ein Dokument des spanischen Vizekönigs in Palermo vom 30. Januar 1415 besagt, dass Lamm, Schwein oder Würste an 13 Tagen des Monats, Makkaroni aber nur einmal monatlich gekauft wurden. Frische Würste heißen *salsicce*, aber die bei Weitem größte und wichtigste Kategorie der italienischen Wurst ist die *Salami*, von der es in Italien zahlreiche Varianten gibt.

Jede Provinz hat ihre eigenen althergebrachten Rezepte und Techniken. Das Wort *Salami* stammt vom lateinischen *salare* („salzen"), und jede Stadt hat mindestens einen Salamifachmann. Salamis unterscheiden sich je nach Fleischsorte, dem Verhältnis von fettem zu magerem Fleisch, der Art, wie das Fleisch gehackt wurde, den Würzungen, der Form der fertigen Salami und der Dauer der Reifung. Im Allgemeinen sind die Salamis aus Süditalien und Sardinien würziger als die aus dem Norden. Eine Faustregel lautet: Je dünner die Salami, desto dicker sollte sie geschnitten werden. *Salami* ist eigentlich der Plural des italienischen *salame*, aber im Deutschen wird *Salami* im Singular benutzt, mit dem eingedeutschten Plural „Salamis".

Unter den unendlich vielen italienischen Würsten sind die bekanntesten:

Bondiola, eine große, runde Wurst aus Polesine im Süden Venetiens, die aus grob zerkleinertem Schweine- und Rindfleisch, Rotwein, Salz und schwarzem Pfeffer hergestellt wird. Manchmal wird sie einen Monat geräuchert oder 2 Monate luftgetrocknet.

Cacciatore ist eine kleine Wurst aus grob zerkleinertem, reinem Schweinefleisch, die mindestens 3 Monate gepökelt wird. Der Name bedeutet „Jäger", denn die Würstchen sind ein traditionelles Jägerfrühstück, weil sie so gut in die Jackentasche passen.

Ciauscoli, eine weiche, trockene, geräucherte Wurst aus der Markenregion, wird aus sehr fein gehacktem, mageren und fetten Pancetta und Schweinefleisch gemacht und mit Salz, Pfeffer, Knoblauch und Wein verfeinert. Sie wird in Naturdarm gefüllt und einige Tage über Wacholderbeeren geräuchert, bevor sie bis zu 3 Monate hängend reifen muss.

Coppa wird aus dem Schweinenacken oder der Schweineschulter hergestellt, mit Kräutern, Gewürzen, Knoblauch und Wein verfeinert und mindestens 6 Monate luftgetrocknet. Sie schmeckt sehr zart und wird immer roh und sehr dünn geschnitten verzehrt. Zwei spezielle Sorten, *Coppa Piacentina* und *Capocollo di Calabri*a, haben g.g.A.-Status (siehe S. 111). *Coppa Senese* aus Siena wird mit Knoblauch, Orangen- und Zitronenschale, Zimt, Kümmel und anderen Gewürzen veredelt.

Cotechino ist eine Wurst mit uralter Tradition aus der Lombardei und der Emilia-Romagna. Sie wird aus grob zerkleinerter Schwarte *(cotenna)*, magerem und fettem Schweinefleisch, Salz, Pfeffer, Nelken und Zimt gemacht und zwischen 3 Wochen und 3 Monaten gepökelt. Die zarte, aromatische Wurst hat eine weiche, fast cremige Konsistenz. Es gibt sogar eine Sorte, die statt Zimt Vanille enthält. Frische *cotechino* wird gekocht, aber es gibt sie auch vorgekocht zu kaufen.

Finocchiona, eine nach Fenchel schmeckende toskanische Salami, wurde nach dem wilden Fenchel *(finocchio)* benannt, dessen Samen der beliebten Wurst ihren charakteristischen Geschmack verleihen. Sie reift bis zu 12 Monate und schmeckt dann intensiv-würzig.

Die milde Wurst *luganega* wurde schon von Cicero (106–43 v. Chr.) und dem römischen Gourmet Apicius (1. Jh. n. Chr.) erwähnt. Die berühmteste *luganega* kommt aus der Lombardei. Sie besteht aus magerem Fleisch, Fett, Salz, Pfeffer, Nelken sowie Zimt und ist lang und dünn – früher wurde sie nach Länge, nicht nach Gewicht, verkauft. Sie wird zu Schnecken gerollt angeboten und ist – ohne Pelle und in kleine Stücke geschnitten – eine beliebte Zutat in Saucen und Füllungen. Auch gegrillt schmeckt sie köstlich. Im süditalienischen Basilicata würzt man sie mit rotem Chili und nennt sie *lucanica* oder *lucania*.

Mazzafegati ist eine Schweinsleberwurst mit Pinienkernen, Fenchel und Knoblauch. Sie stammt aus Norcia in Umbrien, das für exzellente Fleischprodukte bekannt ist.

Mortadella ist wohl die bekannteste italienische Wurst. Der Name könnte von *mortaio* kommen, da das warme Schweinefleisch ursprünglich in einem Mörser zerstoßen wurde, oder aber vom lateinischen *murtatu*, einer mit Myrtenbeeren gewürzten Wurst. Sie wurde 1376 – dem Jahr, in dem auch die Zunft der Wurstmacher gegründet wurde – in einem Dokument der offiziellen Körperschaft der Fleischverarbeiter in Bologna erwähnt. Die größte der italienischen Würste kann bis zu 15 kg wiegen und wird üblicherweise aus 60 Prozent sehr fein gehacktem Schweinefleisch und 40 Prozent in langen Streifen gehaltenem Fett gemacht; manchmal enthält sie auch Rind oder Kalb. Sie wird mit Gewürzen sowie z.B. Pistazien, Wein, Zucker oder Oliven verfeinert, in eine synthetische Hülle gefüllt und in Heißluftöfen gegart. Die beste Mortadella, *puro suino* („pures Schwein"), trägt den Stempel „S". „SB" bedeutet *suino/bonino* – es kann auch Rind oder Lamm enthalten sein. Sie sollte sehr dünn geschnitten werden, damit sich ihr Geschmack entfaltet. *Mortadella di Amatrice* ist eine leicht geräucherte, 2 Monate gereifte Mortadella mit Zimt und Nelken, die aus Amatrice stammt, einem Städtchen hoch in den Apenninen zwischen Latium und den Abruzzen.

Musetto, eine Wurst aus dem Fleisch rund um die Schweineschnauze *(muso)*, ist eine Spezialität aus den norditalienischen Regionen Venetien und Friaul. Das Fleisch wird zusammen mit etwas Fett, schwarzem Pfeffer, Nelken, Muskat, Zimt und manchmal Koriander fein gehackt.

Salama da sugo, eine uralte Spezialität aus Ferrara in Norditalien, wird noch immer handwerklich hergestellt, da man sie nicht in großem Stil produzieren kann. Sie besteht aus Schweinezunge und -leber, Salz, Pfeffer, Nelken und Zimt; manche Hersteller geben auch Rotwein oder Marsala hinzu. Die Mischung wird in mageres Schweinehackfleisch gewickelt, in eine Schweinsblase gefüllt und mindestens 6 Monate getrocknet. Sie wird etwa 5 Stunden lang gekocht, dann aufgeschnitten und traditionell mit Kartoffelpüree serviert.

Salame di Fabriano kommt aus der Region Marken, wird mit Knoblauch und schwarzen Pfefferkörnern gewürzt und im Naturdarm als bis zu 1 kg schwere Wurst verkauft. In den Marken haben Schweinehaltung und private Salami- und Schinkenherstellung eine lange Tradition. Ursprünglich bestand die Salami nur aus Schwein, wird aber heute aus einer Mischung aus Schwein und *vittellone* (Fleisch von ein bis drei Jahre alten Rindern) gemacht – fabelhafter Geschmack und so gut wie kein Fett.

Salame Felino, eine der besten Salamis Italiens, kommt aus einer kleinen Stadt bei Parma. Sie wird aus Stücken der Schweinekeule gemacht, die auch im Parmaschinken Verwendung finden, sowie aus Schweineschulter, Salz, schwarzen Pfefferkörnern, Salpeter, Knoblauch und manchmal Wein. Mindestens 3 Monate wird sie gepökelt.

Salame Milano aus fein gehacktem Schweinefleisch, Salz, schwarzem Pfeffer und mitunter Knoblauch wird in Rotwein eingelegt, in eine Hülle von etwa 8 cm Durchmesser gefüllt und mindestens 3 Monate getrocknet.

Salame Napoli ist eine Salami aus grob gehacktem Schweine- und Rindfleisch mit Salz, Knoblauch und roter Peperoni – letztere Zutat unterscheidet sie von der milderen Salami aus dem Norden. Der Pökelvorgang dauert etwa 4 Monate, manchmal wird sie auch geräuchert.

Salame di Sant'Angelo aus Messina auf Sizilien hat ihre Ursprünge in der normannischen Eroberung der Region im 11. Jahrhundert. Unter arabischer Herrschaft wurde sie nicht mehr hergestellt, doch seit dem 16. Jahrhundert floriert die Produktion fast unverändert. Verschiedene Stücke des Schweins werden von Hand gewürfelt und mit Meersalz und Pfeffer gewürzt; danach trocknet die Wurst in der Bergluft.

Salame di Varzi, Spezialität der Stadt Varzi bei Pavia in der Lombardei, wird aus magerer Schweineschulter und Fett gemacht und mit Rotwein, Salz, Salpeter und schwarzem Pfeffer aromatisiert. Sie reift bis zu 4 Monate.

Salamella wird auch neapolitanische Wurst genannt. Sie enthält Schweine- und Kalbfleisch, Schmalz, rote Chiliflocken, Knoblauch, Gewürze sowie Wein und wird leicht geräuchert.

Soppressata („Presswurst") wird in ganz Italien hergestellt. Nach dem Einfüllen in die Hülle wird sie unter einem Holzbrett gepresst, um Luftbläschen herauszudrücken und der Wurst die traditionelle flache Form zu geben. Danach wird sie leicht geräuchert und 3–4 Monate gepökelt. *Soppressata* aus Kalabrien ist die begehrteste: Sie besteht zu 75 Prozent aus grob gehacktem Schweinefleisch und zu 25 Prozent aus Schweinefett, kombiniert mit Knoblauch, Paprika, Pfeffer, Blut, Wein, Salz und Chili. *Soppressa Veneta* ist eine große, weiche Salami aus Valpolicella bei Verona, die zu 35 Prozent aus Fett besteht.

Spanien

Auf der iberischen Halbinsel und den Balearen gibt es ähnliche Würste – besonders eine beeindruckende Vielfalt an *chorizos,* der wohl bekanntesten spanischen Wurst. Würzung und Aroma sind je nach Region und Hersteller unterschiedlich.

Chorizo ist zweifellos der Star unter den spanischen Würsten. Ihre Ursprünge liegen wohl in Katalonien. Anfangs war es eine ganz helle Wurst – *chorizo blanco* („weiße" *chorizo* ohne Paprika) wird in einigen Teilen Spaniens auch immer noch hergestellt. Die leuchtend rote Version entstand nach der Entdeckung Amerikas und der Einführung der Paprikapflanze in Spanien. Seitdem ist eine Hauptzutat *pimentón* (Paprikapulver), das der *chorizo* nicht nur Farbe und Geschmack verleiht, sondern auch der Konservierung ohne Kühlschrank förderlich ist. Es gibt unendlich viele *chorizo*-Varianten: dick, dünn, geräuchert oder ungeräuchert, mager oder fett. Alle werden aus gewürfeltem oder gehacktem Schweinefleisch, Schweinefett, Knoblauch, schwarzem Pfeffer, Salz, Kräutern, mitunter auch etwas Weißwein und der obligatorischen Paprika (oder Paprikapulver) hergestellt. Die gepökelte und luftgetrocknete Wurst ist je nach Hersteller mehr oder weniger scharf. Sie wird aufgeschnitten und kalt verzehrt oder in Suppen und Eintöpfen verwendet. Die besten *chorizos* stammen vom Fleisch des Ibérico-Schweins; einige Sorten sind auch aus Wildschweinfleisch *(jabali)*.

Butifarra steht für eine ganze Gruppe an Würsten: *Butifarra blanca* ist eine weiße Brühwurst aus gehacktem Schweinefleisch und Gewürzen. *Butifarra dulce*, eine Spezialität der katalanischen Region Empordà, ist tatsächlich eine süße Wurst, die mit Zucker gepökelt, mit Zimt und Zitronensaft verfeinert und meist als Dessert gegessen wird.

Jabuguito ist eine kleine *chorizo*, die man roh oder frittiert isst.

Llonganissa, Longaniza oder *Llangonissa* ist eine lange, dünne Wurst mit Paprika, Zimt, Anis, Knoblauch und Essig.

Lomo embuchado ist eine fein gewürzte Wurst aus magerem Schweinefleisch, die in Knoblauch, Paprika, Salz, Oregano, Muskat und anderen Gewürzen mariniert, in Naturdarm gefüllt und mindestens 6 Monate luftgetrocknet wird.

Lomo ibérico de bellota ist das trocken gepökelte Lendenstück vom mit Eicheln gemästeten, frei laufenden Ibérico-Schwein, in Naturdarm gefüllt, in Salz, Knoblauch und Gewürzen eingelegt und luftgetrocknet. Es ist sehr begehrt und wird in hauchdünnen Scheiben serviert.

Morcón ist eine würzige, *chorizo*-ähnliche Wurst aus gehacktem Schulter- und Lendenfleisch des Ibérico-Schweins, gewürzt mit Salz, Paprika, Pfeffer und Nelken und im Schweinedarm mindestens 6 Monate luftgetrocknet.

Salchicha heißt eine in ganz Spanien und Portugal beliebte frische Wurst. Ist sie lang und dünn, nennt man sie *Longaniza*.

Salchichón ist eine gepökelte Wurst aus dem mageren, zarten Fleisch der weißen Schweine, die in den Eichenwäldern weiden dürfen. Fleisch und Fett werden zusammen mit Gewürzen grob zerstoßen, in Hüllen gefüllt und 45 Tage getrocknet. Das geschieht traditionell draußen auf Trockengestellen; moderne Hersteller verwenden eine Trockenkammer. *Salchichón* ist würzig und mit Fett gesprenkelt, was ihr eine cremige Konsistenz verleiht. Eine spezielle *Salchichón* aus Katalonien ist die höchstens 4 cm dicke *Fuet* (katalan. *fuet* = Peitsche).

Sobrasada ist die berühmteste Wurst der Balearen. Die scharfe, weiche, fast pastetenartige Wurst mit Knoblauch und Paprika wird aus dem Fleisch der heimischen schwarzen Schweine gemacht, die unter anderem Bohnen, Carobfrüchte, Gras, Eicheln und Feigen fressen. Letztere geben dem Fleisch eine deutlich wahrnehmbare Süße. Das gehackte Fleisch wird mit scharfem Paprika, Salz und Pfeffer gemischt, in Hüllen gefüllt, zusammengebunden und getrocknet – früher 12, heute mit moderneren Methoden nur noch 7 Wochen. Weniger teure *sobrasadas* werden aus dem Fleisch weißer Schweine oder einer Mischung beider Fleischsorten hergestellt. Die echte *sobrasada* muss den Aufdruck *Sobrasada de Mallorca de Cerdo Negro* tragen.

Portugal

Chorizo wird in Portugal *chouriço* genannt. Die aus in Salzlake gepökeltem Schweinefleisch, Knoblauch, Pfeffer, Rotwein und Paprika bestehende Wurst wird meist geräuchert.

Die milde *Linguiça* ist Portugals „Nationalwurst". Besondere Zutat ist Essig, wodurch ein einzigartiger Geschmack entsteht. Weitere Zutaten sind Wein oder Sherry, Knoblauch, Oregano, Paprika und Kreuzkümmel.

Blutwurst

Die fast überall als Delikatesse beliebte Blutwurst, eine Mischung aus Schweineblut, Schweinefett, Gewürzen und Kräutern, ist wahrscheinlich die älteste Wurstsorte, die es gibt. Ihre Ursprünge sollen im antiken Griechenland liegen: Ein mit Blut und Fett gefüllter Magen, über dem Feuer gebraten, wird im 8. Jahrhundert v. Chr. in Homers *Odyssee* erwähnt. Die Römer, die deftige Speisen liebten, machten ihre stark gewürzten Blutwürste in den von ihnen eroberten Länder bekannt, wo sie schnell populär wurden.

Blutwürste wurden im Spätherbst und den ganzen Winter hindurch stets direkt nach dem Schweineschlachten gemacht, um das schnell verderbliche Blut am Gerinnen zu hindern.

EUROPÄISCHE BLUTWÜRSTE

Heute gibt es quer durch Europa unzählige Blutwurstvarianten, die sich von Region zu Region und von Metzger zu Metzger unterscheiden. Manch ein Rezept wird streng geheim gehalten.

Großbritannien

Vor langer Zeit war die mit weißen Fettwürfeln gespickte Blutwurst *(black pudding* oder *blood pudding)* eine Delikatesse für hohe Festtage. Schon 1568 hieß es im Theaterstück *Like Will to Like* von Ulpian Fulwell, etwas sei „so heiß wie eine Blutwurst". Die englische Variante ist sättigender als die meisten anderen europäischen Blutwürste, denn sie enthält nicht nur Blut, Schweinefett, Zwiebeln, Mehl, Kräuter und eine ordentliche Portion Gewürze, sondern auch Haferflocken und/oder Perlgraupen. Heute wird sie meist nicht mehr aus frischem, sondern aus getrocknetem Schweineblut gemacht, was als hygienischer gilt. Ein Blutwurstmacher aus Lancashire erinnert sich noch daran, wie er als kleiner Junge das frische Blut mit den restlichen Zutaten verrühren musste – kräftig und ohne Pause, damit das Blut nicht gerann; eine sehr anstrengende Tätigkeit.

Die verschiedenen Mischungen aus Kräutern und Gewürzen sind für den unterschiedlichen Geschmack der regionalen Blutwürste verantwortlich, z.B. Minze, Majoran, Gänsefingerkraut, Flohkraut, Selleriesamen, Koriander, Kümmel, Rosmarin, Thymian oder Bohnenkraut. Die Mischung wird in Hüllen gefüllt und im Wasserbad gegart. Blutwurst kommt in vielen Größen und Formen daher: lang oder kurz, als Ring oder in Hufeisenform – letztere ist die traditionelle Form der Blutwurst aus Bury in Lancashire, die für ihren Geschmack berühmt ist. Sie wird dort auf dem Markt direkt heiß verzehrt, nach Gusto mit englischem Senf. Obwohl Blutwurst schon gekocht ist, wird sie zu Hause immer noch einmal gebraten, gegrillt, gebacken oder gekocht. Zusammen mit Speck, Würstchen und Eiern ist sie Bestandteil des traditionellen *Full English Breakfast*.

Zu den Neuheiten auf dem Blutwurstmarkt zählen u.a. scharfe Chili-Blutwürste und ein Blutwursteis, das für das jährliche *Black Pudding Festival* in Bacup, Lancashire, kreiert wurde – eine innovative Kombination aus Vanilleeis, einem Hauch Senf und Blutwurststückchen. Paul Heathcote, englischer Koch und Unternehmer, hat eine Blutwurstschokolade entwickelt. Das ist nicht so merkwürdig, wie es klingt: Tatsächlich passen die intensiven Aromen der Schokolade sehr gut zur reichhaltigen, würzigen Blutwurst, und in Italien und Spanien ist Schokolade seit Langem eine übliche Zutat in Fleisch- und Wildgerichten.

Schottische Blutwürste unterscheiden sich von den englischen dahingehend, dass sie nicht so große Fettwürfel enthalten und schärfer sind. Besonders die von den westlichen Inseln sind für Qualität und Geschmack bekannt und heißen auf Gälisch *marag dubh*. Sie werden mit schwarzem Pfeffer, Cayennepfeffer, Muskatblüte, Koriander und Kräutern gewürzt und 5–10 Minuten pochiert.

Frankreich

In ganz Frankreich ist die Blutwurst *(boudin noir)* sehr beliebt – ja, die Fremdenlegion hat sogar einen Marsch namens *Le Boudin*. Und es gibt die „Bruderschaft der Ritter der Blutwurst" *(Confrérie des Chevaliers du Goûte Boudin)*, die über Qualität und Tradition der Blutwurstherstellung wacht und jedes Jahr eine internationale Verkostung veranstaltet.

Die französische Blutwurst, leichter als die englische, wird aus Blut, Fett, Zwiebeln und Sahne gemacht und fein gewürzt, bevor sie in dicke Hüllen gefüllt und gekocht wird. Regionale *boudins noirs* können auch Semmelbrösel, Kräuter, Kastanien, Knoblauch, Apfelwürfel oder Calvados enthalten. Im Frühling gibt es Varianten mit fein gehacktem Rübstiel oder Mangold. In der Bretagne wird nicht nur Schweine-, sondern auch Kalbsblut zur Herstellung verwendet.

Boudin kann gekocht, gegrillt oder gebraten werden und schmeckt heiß und kalt. Besonders lecker ist sie in Kombination mit karamellisierten Äpfeln, Apfelmus, Kartoffelpüree und pikanten Senfsorten; ihr erdiger Geschmack passt auch gut zu Meeresfrüchten wie Jakobsmuscheln. In Frankreich wird *boudin* oft mit Obst serviert (Äpfel, Birnen, Weintrauben, Rhabarber) und zu *Réveillon* (dem Essen nach der weihnachtlichen Christmette) und an Ostern gegessen. Im Elsass gibt es Blutwurst und Äpfel traditionell zur Weihnachtsgans. *Boudin noir* ist auch eine köstliche Beigabe zu Terrinen und wird auch als Füllung für Schweinefüße verwendet.

Galabart ist eine Blutwurst aus Südwestfrankreich, besonders aus der Monts-de-Lacaune-Gegend (wo sich die Departements Aveyron, Lot und Tarn treffen). Das Blut wird mit Schwarte und gehacktem Fleisch aus Schweinekopf, Zunge, Lunge und Herz sowie häufig mit Brot vermischt. Die Masse wird nicht in Hüllen gefüllt, sondern in Töpfchen oder Dosen. Sie wird in dicken Scheiben serviert, meist mit einem Spritzer Weinessig.

Boudin du Béarn, eine weitere Spezialität Südwestfrankreichs, enthält Schweinefleischstücke und wird üblicherweise kalt gegessen. Schwarze, rote und weiße Blutwürste mit Kräutern und Gewürzen gibt es im Departement Lozère, wo *boudin* aus Blut, Zwiebeln, Kräutern und ggf. einem Spritzer Pastis gemacht wird. Manche Hersteller versetzen ihre Wurst mit Schweinefleisch und/oder Spinat, doch Puristen sehen das nicht gern. Der *boudin* ähnlich ist die *gogue* oder *cogne* aus dem Loire-Tal, eine sehr große Wurst, die außer Schweineblut auch Schweinefleisch und viel grünes Blattgemüse enthält.

Italien

Biroldo kommt aus der Toskana und ist eine dunkle, braunrote, weiche Blutwurst mit hellen Fleisch- und Fettstückchen, die traditionell aus den Teilen des Schweins gemacht wurde, die nicht für andere Würste gebraucht wurden (Herz, Lunge und Zunge). Die Innereien werden einige Stunden gekocht, gehackt, mit Nelken, Sternanis, Zimt, Muskat, Fenchel und Knoblauch gewürzt und dann mit dem Blut vermischt. Das Ganze wird in eine Schweinsblase oder in einen Magen gefüllt und etwa 4 Stunden gegart. Beim Abkühlen wird die Masse gepresst, um das Fett herauszudrücken. In Schmalz hält sich die Wurst 5–6 Monate; frisch isst man sie innerhalb von 8 bis 10 Tagen. Für die *biroldo* aus Garfagnana wird auch der Schweinekopf verwendet. *Buristo*, ebenfalls aus der Toskana, ist eine Blutwurst aus Schweineblut, -fleisch und -fett sowie Zitrone und *droghe*, einer traditionsreichen Gewürzmischung, die sich je nach Schweinemetzger *(norcino)* unterscheidet, aber immer Muskat, Zimt und Kardamom enthält. Nach dem Kochen wird die Wurst in Scheiben serviert.

Schweineblut ist das einzige Tierblut, das in der italienischen Küche verwendet wird. *Mazapane* (nicht zu verwechseln mit Marzipan!) ist eine Mischung aus Schweineblut, Pfeffer, Salz, Muskat, Salz, Fettwürfeln, Semmelbröseln, Knoblauch und Rotwein, die in einem Wasserbad im Ofen gegart wird. Sie wird in Scheiben geschnitten, gebraten und mit Zwiebeln serviert. *Roventini* sind eine Art Pfannkuchen aus Schweineblut, Eigelb und Mehl.

Sanguinaccio dolce ist ein cremiges Dessert (ital. *sangue* = Blut), das man in Neapel zu Ostern isst. Schweineblut wird mit Milch, Rosinen, Zucker und Gewürzen gemischt, heute kommen oft auch noch Schokolade, Pinienkerne und kandierte Früchte hinzu. Dies macht das Dessert sehr dunkel und reichhaltig. Frisches Schweineblut ist heute schwer zu bekommen, daher wird stattdessen (es sei denn, man schlachtet gerade selbst ein Schwein) geschmolzene Schokolade verwendet. Eine weitere sehr alte toskanische Spezialität war eine süße Blutwurst mit Schokolade, Honig, Mandeln und kandierten Früchten. Ein ähnliches Gericht kombinierte das Blut mit Äpfeln, Mehl, Eiern, Zucker, Feigen und Rosinen, wurde wie ein Kuchen im Ofen gebacken und warm oder kalt gegessen. In einem modernen Rezept aus den Abruzzen wird Schweineblut mit Schokolade, Orangenschale, Nüssen und Rum vermischt und 3 Stunden sanft gegart. *Migliaccio*, ein dünner Pfannkuchen aus Schweineblut, Kakao, Eiern und Zitronenschale oder kandierter Orangenschale, ist eine weitere toskanische Spezialität.

Spanien und Portugal

Die spanische Blutwurst *morcilla* wurde schon immer im Herbst beim *matanza* (Schlachtfest) hergestellt. Es gibt zwei Hauptsorten: *de arroz* mit Reis und *de cebolla* mit Zwiebeln. Die Zwiebelversion soll die Originalversion sein; der Reis wurde später wohl eingeführt, um Kosten zu sparen, da er der Wurst im Gegensatz zur Zwiebel mehr Volumen gibt. In Nordspanien wird die gekochte Blutwurst geräuchert (meist über Eiche) und ist so länger haltbar. *Morcilla de Burgos* enthält Schweineblut und -fett, Reis, Zwiebeln und Salz. Die berühmteste *morcilla* kommt aus Asturien (aus dem Blut der dort lebenden schwarzen Schweine) und gehört in jede *fabada* (siehe S. 208), den beliebten Bohneneintopf mit Fleisch, dem sie Biss und Aroma verleiht. *Fryela* ist eine Blutwurst aus Westasturien mit weißen Bohnen, Zucker und Reis.

Boutifar aus Ostspanien besteht aus Schweineblut, -fett und manchmal -fleisch. In Andalusien wird *morcilla* mit Mandeln, Piment und Petersilie gemacht. Eine katalanische, kalt gegessene *morcilla* namens *Bull* enthält Semmelbrösel; es gibt sie *negre* (schwarz) oder *blanc* (weiß). In Galizien in Nordwestspanien gibt es auch eine süße *morcilla* mit Rosinen und Zimt, die gebraten als Dessert serviert wird.

In Portugal gibt es viele Sorten Blutwurst, die *morcela* heißt und der spanischen *morcilla* sehr ähnelt.

Deutschland

Blutwurst wird hier u.a. aus Schweineblut, Schwarte und einem Getreide wie Gerste gemacht und oft geräuchert. Traditionell wurde nach dem Schlachten eine *Schlachtplatte* verzehrt, zu der die Blutwurst und andere frische Würste und Schinken gehörten; dazu gab es Sauerkraut. Blutwurst wird in Deutschland mit einer Mischung aus Nelken, Majoran, Thymian und Zimt gewürzt und schmeckt dadurch sehr pikant. Manche Varianten wie *Rotwurst, Grützwurst* und *Speckblutwurst* enthalten neben Schwarte und frischem Blut auch anderes Fleisch, Innereien, Speck oder Schmalz in verschiedenen Anteilen. Berühmt ist die *Thüringer Rotwurst*. Andere Varianten sind die *westfälische Beutelwurst* und die

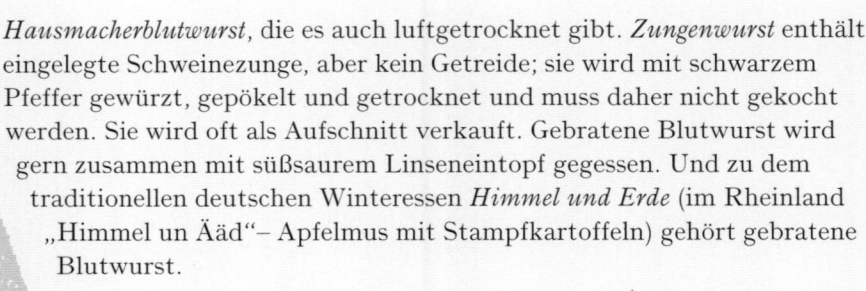

Hausmacherblutwurst, die es auch luftgetrocknet gibt. *Zungenwurst* enthält eingelegte Schweinezunge, aber kein Getreide; sie wird mit schwarzem Pfeffer gewürzt, gepökelt und getrocknet und muss daher nicht gekocht werden. Sie wird oft als Aufschnitt verkauft. Gebratene Blutwurst wird gern zusammen mit süßsaurem Linseneintopf gegessen. Und zu dem traditionellen deutschen Winteressen *Himmel und Erde* (im Rheinland „Himmel un Ääd"– Apfelmus mit Stampfkartoffeln) gehört gebratene Blutwurst.

Weitere europäische Blutwürste

In Osteuropa kennt man Blutwurst als *kishka* („Innerei"); sie wird aus Schweineblut und Buchweizen hergestellt. In Polen heißt sie auch *kaszanka*; hier gibt es auch Presssack, der als *salceson* und *Brunszwicki* bekannt ist.

In Ungarn wird *Véres Hurka* aus Reis, Schweineblut und Schweinefleisch gemacht.

Die bulgarische *Karvavitsa* besteht aus Schweineblut, Fett, Gewürzen und Bergkräutern. Eine ähnliche Blutwurst wird auch in Serbien, Slowenien und Kroatien gegessen.

Die Rumänen mögen die traditionelle *Sângerete* (rumän. *sânge* = Blut) aus Schweinefleisch, Blut, einem Füllstoff wie z.B. gekochtem Reis und Gewürzen wie Pfeffer, Knoblauch und Basilikum.

In Norwegen und Dänemark gibt es *Blodpøls*, in den Niederlanden *Tongeworst*, die auch Schweinezunge enthält. Die Schweden essen ihren *Blodpudding* mit Preiselbeeren. Ein historisches, heute selten gesehenes Gericht ist *Svartsoppa* („schwarze Suppe"), eine Suppe aus Schweineblut.

In Finnland isst man *Mustamakkara* („schwarze Wurst") aus Schweinefleisch, Schweineblut, zerstoßenem Roggen und Mehl. Aus derselben Masse, verfeinert mit fein gehackten Zwiebeln, werden „Blutpfannkuchen" gebacken *(Veriohukainen oder Veriletut)*.

In Estland ist *Verivorst* (Blutwurst) in allen Formen und Größen ein traditionelles Weihnachtsessen, das zusammen mit Preiselbeeren und/oder Sauerrahm oder Butter gegessen wird.

BLUT-
WURST-
FESTIVALS

In vielen Ländern können Blutwurstfans entsprechende Festivals besuchen. In Ramsbottom in Nordengland wetteifern jedes Jahr Hunderte Teilnehmer bei den *World Black Pudding Throwing Championships:* Die Blutwürste werden in Damenstrumpfhosen gesteckt, und man wirft damit nach einem Stapel Yorkshire-Puddings auf einem 6 m hohen Gerüst. Sieger ist, wer die meisten Puddings heruntergeworfen hat. Der Wettkampf soll auf einen Vorfall beim Kampf zwischen den Adelshäusern Lancaster und York im Rosenkrieg des 15. Jahrhunderts zurückzuführen sein.

In Frankreich, Heimat der *boudin noir,* treffen sich Händler und Metzger seit über 50 Jahren jeden März im pittoresken Dorf Mortagne-au-Perche in der Normandie zum Blutwurstfest *Foire au Boudin.*

Blutwursthersteller aus ganz Europa ringen um den begehrten Preis der „international besten Blutwurst", und die heimischen Metzger und Schlachter führen die Kunst der Blutwurstherstellung vor. Besucher können unterschiedlichste Würste probieren. Es gibt sogar Preise für den „besten Blutwurstesser" und das „schönste Schweinequieken". Die bei diesem Fest verzehrten Würste würden aneinandergelegt eine Strecke von 5 km ergeben!

In Andalusien im Süden Spaniens werden jeden November Schweineschlachtfeste abgehalten, bei denen man für den Wintervorrat an *morcillas,* Schinken und Würsten dankt. Auf Mallorca pflegte man die *matança,* das winterliche Schlachten, mit Gesang, Tanz und Essgelagen zu begehen.

WURST HERSTELLEN

Das musste ich natürlich ausprobieren! Über „Wurst" könnte man zig Bücher schreiben, deshalb zeige ich Ihnen hier lediglich ein Grundrezept und eine Methode, einige Variationen und dann ein paar Ideen, wofür Sie Ihr großartiges, naturbelassenes Wurstbrät noch verwenden können. Denken Sie daran: Eine gute Wurst muss langsam gegart werden, und für gutes Kartoffelpüree braucht man mehligkochende Kartoffeln.

Es lohnt sich, in einen Fleischwolf und einen Wursttrichter zu investieren, denn Wurst ist sehr einfach zu machen, und Ihre eigene Wurst wird keine unnötigen Zusatzstoffe enthalten (z.B. Zwieback, Konservierungsstoffe, zu viel Salz und – das hasse ich besonders – getrocknete Kräuter). Sie können auch aus anderen Fleischsorten wie Lamm oder Kaninchen Wurst herstellen: Ersetzen Sie das magere Schweinefleisch durch andere magere Fleischsorten, aber belassen Sie es bei der gleichen Menge Schweinebauch. Experimentieren Sie! In jedem Fall wissen Sie genau, was in der Wurst drin ist.

Nun also viel Spaß beim Wursten!

Hausgemachte Würste

FÜR 20–24 WÜRSTE

frische Wursthülle
1 kg mageres Schweine-
   fleisch
1 kg fetter Schweinebauch
   ohne Schwarte
frische Kräuter wie Salbei,
   Thymian und Majoran
je 1 Tl. Salz und Pfeffer
Schmalz oder Pflanzenöl
   zum Braten

Sie benötigen einen Fleischwolf und einen Wursttrichter; manche
Fleischwölfe haben auch einen Wurstaufsatz.

Die Wursthülle 1 Stunde in kaltes Wasser legen. Dadurch wird sie weich,
zudem entfernt dies den salzigen Konservierungsstoff.

Schweinefleisch und Schweinebauch durch den Wolf drehen und nach
Belieben mit Kräutern, Salz und Pfeffer würzen, alles vermengen, dann
den Wursttrichter am Fleischwolf anbringen. Eine praxistaugliche Länge
von der Wursthülle abschneiden (etwa 3 m), das eine Ende öffnen, über
das Trichterende stülpen und ein gutes Stück über den Trichter ziehen; das
andere Ende lose abbinden, sodass Luft entweichen kann. Den Fleischwolf
auf eine niedrige Stufe stellen und die Fleischmischung vorsichtig in die
Hülle gleiten lassen; darauf achten, dass keine Löcher/Luftblasenentstehen.
Die Hülle vom Trichter nehmen, wenn sie fast voll ist, und zubinden, dann
das andere Ende zubinden und die lange Wurst in ca. 10 cm lange Würste
abbinden. Mit der restlichen Wursthülle und dem restlichen Fleisch ebenso
verfahren. Die Würste etwa 10 Minuten auf Küchenpapier trocknen lassen.

Genug Würste für die gewünschte Personenanzahl bereitlegen – der Rest
hält sich einige Tage im Kühlschrank oder lässt sich einfrieren.

Zum Garen der Würste eine Pfanne mit etwas Schmalz oder Pflanzenöl
erhitzen und die Würste darin bei mittlerer Hitze rundherum bräunen.
Die Pfanne halb abdecken, die Hitze reduzieren und die Würste weitere
20 Minuten braten – das verleiht ihnen eine geschmeidige Konsistenz. Sie
können sie auch bei 200 °C im Ofen garen.

Kartoffelpüree

FÜR 4–5 PERSONEN

1,5 kg mehligkochende
  Kartoffeln, z.B. Maris
  Piper, geschält
100 g Butter
150 ml Milch oder Milch
  und Sahne
Salz und Pfeffer
Muskatnuss, frisch gerieben

Die Kartoffeln in gleich große Stücke schneiden. In einen großen Topf legen und mit Wasser bedecken (es sollte etwa 2 cm über der am höchsten liegenden Kartoffel stehen). Den Deckel auflegen und das Wasser zum Kochen bringen, dann die Hitze reduzieren und die Kartoffeln 20 Minuten kochen, bis Sie ein Messer ohne viel Widerstand in eine Kartoffel schieben können. In einem Sieb abtropfen lassen, im Topf noch einige Minuten auf den Herd stellen und dabei immer wieder schütteln.

Die Butter in einem anderen Topf mit der Milch (und ggf. der Sahne) schmelzen.

Die Kartoffeln mit Salz und Pfeffer bestreuen und mit einem Kartoffelstampfer zerstampfen. Dann die heiße Milch-Butter-Mischung dazugeben und unterrühren, alles abschmecken und ein wenig Muskatnuss dazugeben.

Auf vorgewärmten Tellern servieren, die Würste darauf anrichten. Schmeckt sehr gut mit (englischem) Senf, Ketchup oder Mostarda, der fruchtigen italienischen Würzsauce.

Andere Wurst- mischungen

Wiltshire-Mischung

FÜR 12–14 WÜRSTE

900 g mageres Schweinefleisch
100 g frische Semmelbrösel
$^1/_4$ TL Muskatnuss, gerieben
1 TL Salz
$^1/_3$ TL schwarzer Pfeffer, gemahlen
je $^1/_2$ TL frischer Majoran, Thymian und Salbei, fein gehackt
300 g Rindernierenfett

Italienische Mischung

FÜR 12–14 WÜRSTE

1 kg Schweinefleisch (70 % Fleisch, 30 % Fett, z.B. Keule oder Bauch)
3 TL kaltes Wasser
2 EL Fenchelsamen
1 TL Salz
$^1/_2$ TL schwarzer Pfeffer, frisch gemahlen

Würzige Salbeimischung

FÜR 20–24 WÜRSTE

1 kg Schweinebauch
500 g Schweineschulter
1 EL Nelken, gemahlen
2 EL Koriander, gemahlen
$^1/_2$ TL Muskat
1 $^1/_2$ EL Salz
1 TL schwarzer Pfeffer, frisch gemahlen
1 EL frischer Salbei, gehackt

WURST, AUBERGINE & ZUCCHINI

FÜR 2 PERSONEN

2 große Würste
1 kleine Aubergine
1 Zucchini
3 El. Olivenöl
4 Scheiben knuspriges
  Weißbrot
Salz und Pfeffer

Die Würste braten. Unterdessen die Aubergine in 1 cm dicke Scheiben und die Zucchini längs in 4 Scheiben schneiden. Mit Olivenöl einpinseln, die Aubergine 20 und die Zucchini 8 Minuten grillen (dabei einmal wenden), auf Küchenpapier abtropfen lassen.

2 Brotscheiben mit den Auberginen-, dann den Zucchinischeiben belegen, salzen und pfeffern. Die Würste längs durchschneiden und darauflegen. Die anderen beiden Brotscheiben auflegen, gut zusammendrücken und diagonal halbieren.

WURST, SALAT & RHABARBER

Das Rhabarber-Relish schmeckt zu allen Fleisch- und Wurstsorten. Die Würste können entweder extra gebraten werden oder auch vom Vortag stammen.

Den Rhabarber in 2,5 cm große Stücke schneiden, waschen und trocken schütteln, in einen Topf mit gut schließendem Deckel legen, Zucker und Senf daraufgeben. Den Deckel auflegen und alles auf kleiner Flamme 15 Minuten erhitzen, bis der Rhabarber weich ist. Gut umrühren.

4 Brotscheiben mit dem Rhabarber-Relish bestreichen, darauf Wurstscheiben legen, alles mit Salat belegen, salzen und pfeffern. Die anderen Brotscheiben auflegen, gut zusammendrücken und diagonal halbieren.

FÜR 4 PERSONEN

1 Wurst pro Sandwich
  rechnen

FÜR DAS RELISH

4 Stangen Rhabarber
50 g brauner Zucker
2 Tl. körniger Senf

8 Scheiben Brot nach Wahl
Salat, z.B. Romanasalat, ge-
  waschen und getrocknet
Salz und Pfeffer

DAS WURST-SANDWICH

Ob kalte, längs aufgeschnittene Wurst mit körnigem Senf und knackigem Salat oder heiße Wurst mit Spiegelei: Ein Wurst-Sandwich schmeckt zu jeder Tages- und Jahreszeit. Mein erstes warmes Wurst-Sandwich habe ich in London an einem dieser kleinen Coffeebar-Fenster gekauft, die viele verschiedene Sandwiches in ihrer Auslage zeigen. Ich habe mich immer gefragt, ob sich so ein Miniladen rechnet, aber es scheint so zu sein. Hier sind ein paar Sandwich-Ideen – experimentieren Sie mit der Wurstsorte!

APFEL & ROTE BETE

Der scharfe, frische Geschmack von Apfel und Rote Bete macht sie zu einem guten Paar. Dazu schmecken eine reichhaltige Wurst (z.B. Bratwurst oder eine italienische oder spanische dünn geschnittene Schinkenwurst) und ein gutes Vollkorn-Weißbrot, das die Flüssigkeit gut aufsaugt.

Den Apfel reiben, mit ebenfalls geriebener gekochter Roter Bete mischen und aufs Brot streichen. Die Wurst darauflegen, dann die zweite Brotscheibe. Eine dünne Schicht scharfer Senf oder Mayonnaise rundet das Ganze ab.

FÜR 6–8 PERSONEN

500 g Wurstmischung
(siehe S. 166) plus
2 geschälte und zer-
drückte Knoblauchzehen
Mehl zum Bestäuben

FÜR DEN TEIG
125 ml Milch
1 ¼ TL Trockenhefe
½ TL brauner Zucker
250 g Mehl
abgeriebene Schale von
½ unbehandelten Zitrone
¼ TL Salz
50 g zerlassene Butter
2 Eier, verquirlt

Für den Teig die Milch etwas erwärmen, Hefe und Zucker darin vollständig auflösen. Abdecken und 10 Minuten an einen warmen Ort stellen.

Das Mehl in einer großen Schüssel mit der Zitronenschale und dem Salz mischen, in die Mitte eine Vertiefung drücken. Dort hinein die Hefe-Milch-Mischung gießen, sobald sich kleine Blasen gebildet haben. Die Butter und den Großteil der Eier (ein wenig zum Bestreichen zurückbehalten) hinzugeben und alles mit einem Holzlöffel gut verrühren. Den weichen, klebrigen Teig auf eine bemehlte Arbeitsfläche legen und 5–10 Minuten zu einem glatten, elastischen Teig kneten. In eine leicht bemehlte Schüssel legen, mit Mehl bestäuben und abgedeckt an einem warmen Ort 1 Stunde gehen lassen, bis sich das Teigvolumen verdoppelt hat.

Unterdessen die Wurstmischung zu einer 20 cm langen, dicken Rolle formen, doppelt in Frischhaltefolie einrollen und in einem Topf mit leicht köchelndem Wasser 20–30 Minuten pochieren; nicht kochen lassen. Gut abtropfen lassen, die Folie entfernen und die Wurst abkühlen lassen. Mit Küchenpapier trocken tupfen und im Mehl wälzen.

Den Teig 1–2 Minuten sanft durchkneten, dann 15–20 Minuten kalt stellen, bis er fest genug zum Formen ist. Auf einer bemehlten Arbeitsfläche vorsichtig zu einem 20 x 20 cm großen Quadrat ausklopfen. Die Wurst entlang der einen Teigkante platzieren, etwa 5 cm vom Rand entfernt, dann den Teig darüberklappen und die Ränder rundherum gut festdrücken. Mit der Naht nach unten in eine leicht geölte Kastenform (ca. 20 x 10 cm) legen, leicht abdecken und noch einmal 20 Minuten gehen lassen. Unterdessen den Backofen auf 190 °C vorheizen.

Den „Brotlaib" mit dem Eirest bestreichen und 20 Minuten im Ofen backen, bis der Teig sich setzt und leicht braun wird. Die Temperatur auf 180 °C reduzieren und weitere 20–30 Minuten backen, bis der Teig schön goldbraun ist.

In 2 cm breite Scheiben schneiden, die Enden ohne Wurst nicht servieren. Dazu Tomatensauce reichen (siehe S. 250).

Wurst im Brioche-Teig

Diese „Wurst im Schlafrock" begegnete mir erstmals, als ich im Elsass arbeitete –
ein interessantes, aber ganz simples Gericht, fast rustikal. Brioche-Teig ist
traditionell sehr üppig, mit sehr viel Butter und Eiern; diese Version ist etwas
reduzierter, und für einen schönen Kontrast zu der Wurst habe ich Zitronenschale
hinzugefügt. In Frankreich verwendet man gepökelte, gebrühte Knoblauchwurst,
aber ich finde, es funktioniert sehr gut mit der Wurst-Grundmischung (siehe
S. 166), zu der Sie beim Durchdrehen etwas Knoblauch geben können.

Schottische Eier
(Scotch eggs)

Es ist immer interessant, zu versuchen, die Herkunft eines Gerichts herauszufinden. Über dieses Rezept heißt es, es habe rein gar nichts mit Schottland zu tun, sondern basiere auf Rezepten aus Indien oder dem Libanon, in denen Eier in einer gewürzten Hackfleischmischung gekocht werden. Es lohnt sich, die Semmelbrösel selbst zu machen: aus Brot, das getrocknet und grob in der Küchenmaschine zermahlen wird.

FÜR 8 PERSONEN

10 Eier
700 g Wurstbrät
  (siehe S. 166)
1 Prise Muskatblüte,
  gemahlen
Salz und Pfeffer
125 g Semmelbrösel
Erdnussöl zum Frittieren

8 Eier 10 Minuten kochen, dann herausnehmen und in kaltem Wasser abkühlen lassen. Die kalten Eier pellen.

Eines der übrigen Eier mit 1 Esslöffel kaltem Wasser verquirlen. Das Wurstbrät mit Muskatblüte, Salz und Pfeffer würzen. Ein hartgekochtes Ei in das verquirlte Ei tauchen und rundherum mit Brät bedecken (dieses mit den Händen fest andrücken). Mit den restlichen gekochten Eiern ebenso verfahren. Das verbleibende rohe Ei in einer Schüssel verquirlen, die mit Brät bedeckten Eier darin wenden und dann in den Semmelbröseln wälzen.

Im heißen Öl goldbraun frittieren. Gut abtropfen lassen. Die Eier schmecken warm oder kalt.

Wurst im Schlafrock

Wenn man heute irgendwo so eine Wurstpastete kauft, ist meist entweder der Teig nicht lecker oder das Würstchen. Das kann mit Ihrem eigenen Wurstbrät nicht passieren! Bei diesem Rezept ist der Teig einfacher Fertigblätterteig, der ja zumeist besser ist, als Sie ihn selbst hinbekommen könnten. Die Würstchen schmecken warm oder kalt und sind ideal für ein Picknick.

FÜR 12 STÜCK

200 g TK-Blätterteig
Mehl zum Bestäuben
225 g Wurstbrät
  (siehe S. 166)
Milch

Den Blätterteig zimmerwarm werden lassen und auf einer leicht bemehlten Arbeitsfläche zu einem Rechteck ausrollen bzw. auseinanderfalten. Den Teig längs halbieren; jeder Streifen sollte ca. 12 cm breit sein. Das Wurstbrät in 2 Hälften teilen, jede Hälfte entlang der langen Seite einer Teighälfte zu einer langen Rolle rollen und auf den Teig legen. Die nicht mit Wurst bedeckte Teigkante mit Milch bestreichen. Die Wurst mit dem Teig zu einer langen Rolle zusammenrollen und die Enden fest zusammendrücken. 20 Minuten kühl stellen.

Den Backofen auf 180 °C vorheizen. Die Rolle auch außen mit Milch bestreichen, dann in 12 Stücke schneiden, diese auf ein Backblech legen und 30 Minuten backen.

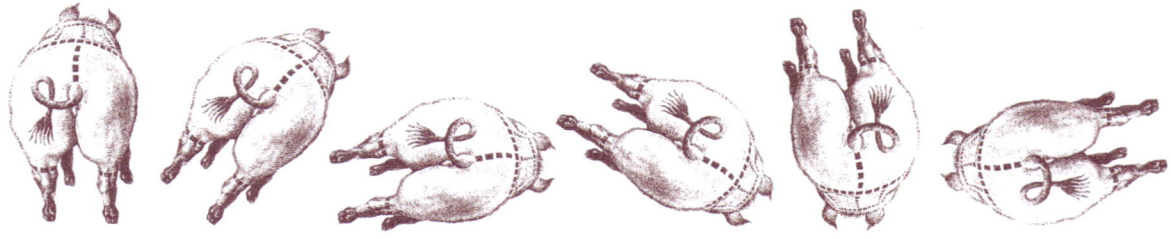

Spanischer Eintopf mit Kichererbsen und Kutteln

Eine ungewöhnliche Fleischsorten-Kombination – die Art Gericht, die einem Skeptiker die Kutteln schmackhaft machen könnte …

FÜR 4 PERSONEN

200 g getrocknete Kicher-
erbsen

350 g fettes Schweinefleisch
ohne Knochen (z.B. Schul-
tersteak), in kleine Stücke
geschnitten

3 EL Mehl, mit Salz und
Pfeffer gewürzt

2–4 EL Olivenöl

1 große Zwiebel, geschält
und gehackt

4–5 Knoblauchzehen, ge-
schält und gehackt

225 ml trockener Weißwein

800 g Tomaten aus der
Dose

1 TL Paprikapulver, rosen-
scharf

900 g Kutteln, gewaschen
und in 2 x 5 cm große
Streifen geschnitten

225 g ganze *chorizo-Würste*

Salz und Pfeffer

Die Kichererbsen über Nacht in Wasser einweichen.

Am nächsten Tag das Fleisch im gewürzten Mehl wenden, überschüssiges Mehl abklopfen. 2 Esslöffel Olivenöl in einem großen, schweren Schmortopf auf mittlerer Stufe erhitzen und das Fleisch darin leicht anbräunen. Evtl. portionsweise vorgehen. Herausnehmen und beiseitestellen.

Die Zwiebel, den Knoblauch und den Wein in die Pfanne geben, umrühren und Fleischrückstände loskochen. Tomaten und Paprikapulver hinzugeben; rühren, bis die Tomaten zerfallen. Die Kichererbsen abtropfen lassen und in den Topf geben. Das Fleisch und die Kutteln in den Topf geben. Alles zum Kochen bringen, dann die Hitze reduzieren und den Eintopf auf sehr kleiner Stufe 1–1 $^1/_2$ Stunden schmoren. Das Fleisch sollte immer mit etwas Flüssigkeit bedeckt sein – ggf. Wasser nachgießen.

Die *chorizos* unterrühren. Weitere 30 Minuten schmoren. Die *chorizos* herausnehmen, in dicke, schräge Scheiben schneiden und wieder in den Eintopf geben. Abschmecken und servieren.

Tortilla con chorizo

Früher, als fast jeder Haushalt noch Schweine hatte, waren am Schweinestall auch oft Hühner anzutreffen. Daher kommt es wohl, dass viele Gerichte Eier und Schweinefleischprodukte kombinieren. Ein Omelett mit Wurst assoziieren wir schnell mit der spanischen Tortilla. Deshalb habe ich hier eine Version aufgeführt.

FÜR 4 PERSONEN

1 EL Olivenöl
100 g *chorizo*, in Scheiben
  geschnitten
6 Eier
50 g kleine weiße Bohnen,
  gekocht
schwarzer Pfeffer

Das Olivenöl in einer schweren Pfanne mit 25 cm Durchmesser erhitzen. Die Wurstscheiben im heißen Öl braten, bis sie heiß sind.

Die Eier verquirlen und auf die Wurstscheiben gießen, dann Bohnen und Pfeffer hinzufügen und mit einer Gabel alles schnell durchmischen. Kurz stocken lassen, dann die Tortilla auf einen Pfannendeckel gleiten lassen, einen Teller darauflegen, das Ganze umdrehen und die Tortilla wieder in die Pfanne gleiten lassen, um auch die andere Seite zu bräunen. Sofort servieren.

Olla podrida

Dieser wunderbare spanische Eintopf ist nichts für Zartbesaitete. Er ist Teil einer langen Eintopf-Tradition: Man kocht alles (verschieden lang) in einem einzigen Topf. Die Franzosen haben ihr Potaufeu, die Schotten eine ähnliche Tradition (vielleicht aufgrund der jahrhundertelangen „Auld Alliance" mit Frankreich), und dieser spanische Eintopf kennt viele Variationen. Das überrascht nicht, denn in Spanien sind die Regionen und ihre Küchen oft sehr unterschiedlich. Manche Versionen enthalten Kohl, Rübstiel, grüne Bohnen, hartgekochte Eier oder Spinat.

FÜR 4–6 PERSONEN

300 g getrocknete Kicher-
  erbsen
250 g Rindfleisch zum
  Schmoren, gewürfelt
500 g Schweine-Spareribs
1 Schweinefuß
1 Schweineohr
100 g Räucherspeck
100 g luftgetrockneter
  Schinken
1 Zwiebel, geschält und mit
  4 Gewürznelken gespickt
1 Lorbeerblatt

2 Möhren und 2 Pasti-
  naken, geschält und in
  Stücke geschnitten
2 ganze *chorizo*-Würste
  à ca. 100 g
2 Blutwürste *(morcilla)*
  à ca. 100 g
2 Knoblauchzehen, geschält
  und ganz fein durch-
  gepresst
Salz und Pfeffer
2 EL frische glatte Petersilie, gehackt

Die Kichererbsen über Nacht in kaltem Wasser einweichen.

Am nächsten Tag durchspülen und zusammen mit Rindfleisch, Rippchen, Fuß, Ohr, Speck und Schinken in einen großen Schmortopf geben. Mit Wasser bedecken, die Zwiebel und das Lorbeerblatt hinzugeben. Zum Kochen bringen und ohne Deckel 2 Stunden sehr sanft schmoren.

Möhren, Pastinaken, Wurst und Knoblauch unterrühren und das Ganze weitere 30 Minuten schmoren.

Das Fleisch herausnehmen und in kleine Stücke schneiden; das Fleisch vom Fuß und den Rippen abschneiden, die Knochen entsorgen. Das gesamte Fleisch wieder in den *olla* (Topf) geben, abschmecken, die Petersilie hinzugeben und servieren.

Fleischbällchen in Tomatensauce

Nick Piercy und seine reizende italienische Frau führten in Falkland, Schottland, ein wunderbares italienisches Restaurant namens *Luigino's*. Nick zeigte mir, wie man diese simplen Hackbällchen macht, die er im Restaurant mit hausgemachter Pasta und Tomatensauce (siehe S. 250) servierte. Dieses Rezept ist für zwei Personen ausgelegt, aber Sie können die Mengen auch einfach erhöhen.

FÜR 2 PERSONEN

250 g gemischtes Hack-
fleisch
3 EL frische Semmelbrösel
2 Tl. Parmesan, gerieben
1 EL frische glatte Petersilie, gehackt
½ Zwiebel, geschält und
fein gehackt
1 Ei, leicht verquirlt
Salz und schwarzer Pfeffer
1 EL Olivenöl
½ Portion Tomatensauce
zum Servieren (siehe
S. 250)

Das Hackfleisch mit allen Zutaten bis auf das Olivenöl und die Sauce gut vermengen und würzen. Zu kleinen Bällchen formen – es sollten ungefähr 8 Stück werden.

Das Olivenöl in einer heißen Pfanne erhitzen und die Fleischbällchen darin rundherum bräunen, dann die Hitze reduzieren, die Tomatensauce hinzugeben und das Ganze 5 Minuten weitergaren, bis das Fleisch durch ist. Mit Spaghetti servieren.

Pounti

Dieses Rezept stammt aus der Auvergne, aber es gibt in der Region zahlreiche Variationen: Manche Köche machen es mit Pfannkuchenteig, manche geben Mangold, Backpflaumen oder Rosinen hinzu, und ich habe es sogar schon mit Rebhuhn gesehen. Was aber alle Rezepte gemeinsam haben, ist die Verwendung von Schweinefleisch in unterschiedlicher Form: frisches Fleisch, Schinken oder Speck. Das Ganze ist eine Art pikanter Kuchen.

FÜR 10 PERSONEN

2 Scheiben weißes Land-
  brot, 2 cm dick, in Stücke
  geschnitten
250 ml Milch
9 Streifen durchwachsener
  Räucherspeck, in kleine
  Stücke geschnitten
1/2 Zwiebel, geschält und
  grob gehackt
1/2 TL Salz
schwarzer Pfeffer
175 g Pancetta, in Streifen
  geschnitten
115 g Schweinebauch,
  gehackt
2 EL frische glatte Petersilie, gehackt
2 EL Schnittlauch, gehackt
1 Ei
140 g Mehl
40 Agen-Backpflaumen,
  entsteint
schwarzer Pfeffer

Den Backofen auf 200 °C vorheizen. Eine Backform mit 20 cm Durchmesser einfetten. In einer Schüssel Brot und Milch vermischen und 10 Minuten einweichen lassen.

Unterdessen den Speck in einer Pfanne bei mittlerer Hitze unter Rühren auslassen (etwa 8 Minuten). Die Zwiebel hinzugeben, salzen, pfeffern und weich dünsten (etwa 15 Minuten).

Die Brot-Milch-Mischung in eine Küchenmaschine geben, die Speck-Zwiebel-Mischung sowie Pancetta, Schweinefleisch, Petersilie, Schnittlauch und Ei hinzugeben und alles zu einer feinen Paste verarbeiten. Das Mehl hinzugeben und mit der „Pulse"-Funktion alle Zutaten gut verbinden. In eine Schüssel geben, die Pflaumen unterheben, die Mischung in die Backform füllen, glatt streichen und mit Folie abdecken. Im Ofen 30 Minuten backen.

Die Folie abnehmen und weiterbacken, bis der „Kuchen" leicht gebräunt ist und an einem Messer, das in die Mitte gestochen wird, nichts mehr hängen bleibt (etwa 45 Minuten). Die Form auf einem Kuchengitter 15 Minuten abkühlen lassen. Den Pounti in 2 cm dicke Scheiben schneiden und servieren.

SAUERKRAUT

In ganz Europa machte man Sauerkraut traditionell immer aus dem frischen Kohl, der nach den ersten Herbstfrösten geerntet wurde. Es wurde zum frischen Fleisch aus der herbstlichen Schweineschlachtung gegessen, aber auch zu vielen anderen Gerichten: zu Pökelfleisch und Räucherwurst im Winter, zu frischem Fisch im Frühling oder als Salat mit Apfel- und Zwiebelstückchen.

Sauerkraut macht man, indem man fein gehobelte Weißkohlstreifen abwechselnd mit Salz schichtet; manchmal werden Wacholderbeeren und/oder Kümmel für den Geschmack beigegeben. Unter einem schweren Deckel werden die Schichten zusammengepresst. Der Kohl gärt 3–8 Wochen lang; das Salz zieht währenddessen die Feuchtigkeit heraus und bildet eine Lake. Der Kohl entwickelt den charakteristischen milchsauren Geschmack, wird leicht und auch leichter verdaulich. Durch die Milchsäure bleiben seine vielen Vitamine und Mineralstoffe erhalten – auch das Vitamin C, weswegen Sauerkraut früher oft auf Schiffen mitgeführt wurde, um Skorbut zu verhindern.

Choucroute garni ist ein typisch elsässisches Gericht, das auch andernorts in Frankreich häufig in Brasserien angeboten wird. Bei diesem herzhaften Familiengericht wird das Sauerkraut oft mit einer Schweinshaxe und geräucherten oder gepökelten Fleischstücken gekocht und dann mit einer leckeren heimischen Wurst und gekochten oder gebackenen Kartoffeln serviert. Verschiedene Kräuter oder Gewürze können dazukommen (z.B. Wacholderbeeren, die die Verdauung fördern) und manchmal Gänseschmalz, Speckfett oder Öl. Eine regionale Spezialität ist *Choucroute royale*, bei dem durch das gekochte Sauerkraut Champagner oder elsässischer Crémant gegossen wird.

Hausgemachtes Sauerkraut

Dies ist ein Rezept aus Elisabeth Luard's wunderbarem *European Peasant Cookery*.
Wer Sauerkraut wirklich selbst herstellen möchte, sollte es mit einer „kleineren"
Menge Kohl, sagen wir 5 kg, und 50 g Meersalz versuchen. Statt eines Fasses
nehmen Sie ein sterilisiertes großes Schraubglas oder einen Plastikeimer. Der
Einfachheit halber lassen Sie das Auslegen des Fasses mit Kohlblättern einfach
weg: Entsorgen Sie welke Blätter und den Strunk, schneiden Sie den Rest in
Streifen – und los geht's! Zum Pressen können Sie einen Keramikteller mit einem
Gewicht darauf nehmen.

25 kg Weißkohl
1 kg Meersalz

Sie brauchen ein großes Holzfass mit Deckel und ein Gewicht. Das Fass
sollte sehr sauber sein und an einem kühlen Ort auf Brettern stehen, damit
die Luft zirkulieren kann.

Die äußeren Blätter der Kohlköpfe abschneiden und die schönsten
aufheben – Sie brauchen etwa 30 Stück. Mit 10 davon den Boden des
Fasses auslegen. Jeden Kohl halbieren, den Strunk herausschneiden und
entsorgen. Den Kohl mit einem sehr scharfen Messer so fein wie möglich
in Streifen schneiden. Mit dem Salz vermengen und in das Fass schichten,
jede Schicht gut andrücken. Die restlichen 20 äußeren Blätter salzen und
obenauf legen. Einen Deckel auflegen, der in das Fass passt, dann gut
beschweren. 1 Woche stehen lassen.

Sollte sich dann noch keine Lake gebildet haben, die den Kohl bedeckt,
selbst aus 25 g Salz pro 600 ml Wasser eine Lake herstellen und in das Fass
gießen. Deckel und Gewicht wieder auflegen, damit keine Luft an den Kohl
kommt. In 2 Wochen sollte das Sauerkraut fertig sein.

Immer, wenn Sauerkraut aus dem Fass geholt wird, darauf achten, dass das
verbleibende Kraut mit Lake bedeckt ist. Wände und Rand des Fasses ab
und zu waschen.

Choucroute garni

Dieses Gericht sah ich an jeder Ecke, als ich im Elsass arbeitete – im *Hôtel Anthon* in Obersteinbach, dessen Chefkoch, Michel Bering, früher Souschef von einem meiner kulinarischen Helden gewesen war, Roger Vergé vom *Moulin de Mougins* in Südfrankreich. Michel ist ein Fitnessfanatiker, und wenn wir zusammen einen Nachmittag frei hatten, sind wir gern durch die elsässischen Wälder geradelt.

FÜR 8 PERSONEN

1,8 kg hausgemachtes Sauerkraut (oder 2 große Dosen à ca. 900 g)

50 g Schmalz oder Speckfett

16–24 gemischte Würstchen (z.B. Bockwurst, Frankfurter, Bratwurst, Knoblauchwurst)

8 Schweinekoteletts – wenn möglich geräuchert

1 große Zwiebel, geschält und in dünne Scheiben geschnitten

1 grüner Apfel, geschält, entkernt und in dünne Scheiben geschnitten

2 Knoblauchzehen, geschält und zerdrückt

2 Lorbeerblätter

10 Wacholderbeeren

1 EL Kümmelkörner

1 Flasche (750 ml) trockener elsässischer Weißwein

Salz und Pfeffer

reichlich frische glatte Petersilie, gehackt, zum Servieren

Den Backofen auf 150 °C vorheizen. Das Sauerkraut in kaltem Wasser durchspülen und ausdrücken (dies reduziert das Gewicht fast um die Hälfte.)

Das Fett in einem großen Schmortopf auf mittlerer Stufe erhitzen, die Würstchen und die Koteletts darin portionsweise rundherum bräunen. Beiseitestellen. Die Hitze reduzieren, die Zwiebel und den Apfel im Fett weich dünsten.

Das Sauerkraut in den Topf geben, mit Zwiebel und Apfel vermengen. Knoblauch, Lorbeer, Wacholderbeeren und Kümmel hinzugeben und gut unterrühren. Den Wein und ca. 225 ml Wasser angießen, sodass alles bedeckt ist, dann zum Kochen bringen. Die Koteletts hinzugeben, die Hitze reduzieren und alles 10 Minuten köcheln lassen. Den Deckel auflegen und das Ganze 1 Stunde in den Ofen stellen. Die Würstchen hinzugeben und alles 1 weitere Stunde garen.

Abschmecken. Auf einer vorgewärmten Servierplatte anrichten – das Kraut in der Mitte, das Fleisch darum herum – und mit viel Petersilie bestreuen. Dazu schmecken gedämpfte Kartoffeln.

Petit salé

Im Grunde ist dies ein selbst gepökelter Speck – einfach zu machen, aber ziemlich salzig. Er ist sehr vielseitig einsetzbar und im Kühlschrank wochenlang haltbar. Er verfeinert Suppen und Eintöpfe oder macht mageres Wild – in dünnen Scheiben obenauf gelegt – saftig. Auch gekocht und mit Sauerkraut oder Linsen serviert schmeckt er köstlich.

FÜR 8 PERSONEN

2 kg Schweinebauch (darf nicht tiefgefroren gewesen sein)
½ EL Pfefferkörner
½ EL Wacholderbeeren
1 Bund Thymian
3 Lorbeerblätter
500 g Meersalz
15 g Salpeter (falls erhältlich)

Das Fleisch gut trocken tupfen. Pfefferkörner, Wacholderbeeren, Thymian und Lorbeerblätter zusammen zerstoßen, dann mit dem Salz und ggf. dem Salpeter mischen. Mit einem Teil der Mischung die Hautseite des Fleischs einreiben, dann die Fleischseite, dann wieder die Hautseite. Etwas Salzmischung auf ein Plastiktablett streuen, das Fleisch darauflegen, das restliche Salz rundherum verteilen. Das Fleisch mit Frischhaltefolie abdecken, dann ein sauberes Plastiktablett oder -brett darauflegen und das Ganze mit mindestens 1 kg Gewicht beschweren – ich verwende Zuckerpackungen (die sollten nicht in Kontakt mit der Salzmischung kommen). An einen kühlen Ort stellen, alle paar Tage das Fleisch wenden.

Nach 1 Woche ist der Speck fertig. Überschüssiges Salz abspülen, das Fleisch trocken tupfen, in Frischhaltefolie oder Backpapier wickeln und im Kühlschrank aufbewahren, wo es sich einige Wochen hält. Um die Salzigkeit zu verringern, die gewünschte Menge Speck einige Stunden vor Verwendung in kaltes Wasser legen.

Galizische Suppe

Eine einfache Suppe mit bäuerlichen Zutaten – eine Schweinshaxe, Rübstiel ...
Wer kein Rübstiel bekommt, kann stattdessen die dunklen Blätter eines Früh- oder
Grünkohls und mehr Pfeffer verwenden. Es ist interessant, dass Rosenkohlblätter
bei den Sterneköchen gerade so populär sind. Ich bin gespannt, ob wir demnächst
auch mehr Rübstiel sehen ...

FÜR 6–8 PERSONEN

250 g kleine getrocknete
  weiße Bohnen
1 Schweinshaxe
2 l Wasser
Paprikapulver, edelsüß
Salz und schwarzer Pfeffer
4 mittelgroße Kartoffeln,
  geschält und gewürfelt
400 g Rübstiel, Früh- oder
  Grünkohl, grob gehackt
2 ganze *chorizo*-Würste, in
  kleine Stücke geschnitten

Die Bohnen über Nacht in kaltem Wasser einweichen.

Die Bohnen abgießen und durchspülen, in einen großen Suppen- oder
Schmortopf geben. Die Schweinshaxe und das Wasser hinzugeben, mit
Paprika, Salz und Pfeffer abschmecken. 1 Stunde schmoren.

Den Knochen vom Fleisch entfernen, die Kartoffeln, das Gemüse und die
Würste hinzugeben und das Ganze weitere 30 Minuten schmoren. Heiß
servieren.

Bigos (Polnischer Krauttopf)

Der Eintopf der polnischen Jäger. Wer ihn ganz authentisch nachkochen will, muss Speck und Wurst aus Polen verwenden, z.B. *Wieska* oder *Kilometrova*. Schweinefleisch, Speck und Wurst ergeben zusammen mit Pilzen, Honig und Backpflaumen ein interessantes Gericht. Bei mir kommen manchmal selbst in den Hügeln von Speyside gesammelte und getrocknete Pfifferlinge hinein, dazu eine beliebige große, würzige Wurst. Es schmeckt immer köstlich!

FÜR 8 PERSONEN

1 kg Sauerkraut

250 g Speck, in 5 mm dicke Scheiben geschnitten

2 Zwiebeln, geschält und gehackt

1 kg Schweinefleisch (z.B. Schulter), gewürfelt

12 Backpflaumen

15 g getrocknete Steinpilze, 15 Minuten in warmem Wasser eingeweicht

12 Wacholderbeeren

12 Pimentkörner

3 Lorbeerblätter

2 EL Honig

3 TL Tomatenmark

1 l Schweinefleischfond (siehe S. 249)

250 g Würste (ca. 4 cm im Durchmesser), in mundgerechte Stücke geschnitten

Der Eintopf kann im Ofen oder auf dem Herd zubereitet werden – beides dauert einige Stunden, sodass Sie vielleicht den Ofen bevorzugen. In diesem Fall den Ofen auf 180 °C vorheizen.

Das Sauerkraut in einen großen ofenfesten Topf füllen (Steingut oder etwas Ähnliches), in dem Sie die Suppe auch zu Tisch bringen können. Auf kleiner Flamme erwärmen.

Die Hälfte des Specks in einer Pfanne braten, das Fett auslassen, dann die Zwiebeln darin weich dünsten. Diese Mischung zum Sauerkraut geben und untermischen.

Den Rest des Specks in der Pfanne braten, bis das Fett austritt, dann portionsweise das Fleisch darin bräunen. (Hat der Speck nicht genug Fett, noch etwas Schmalz oder Erdnussöl zugeben.) Fleisch, Pflaumen, Pilze, Wacholder, Piment, Lorbeer, Honig und Tomatenmark zum Sauerkraut in den Topf geben. Mit der Brühe aufgießen und zum Kochen bringen. Wird auf dem Herd weitergekocht, die Hitze reduzieren und ab und zu umrühren, ansonsten ohne Deckel im Ofen 1 $^{1}/_{2}$ Stunden garen.

Die Wurststücke hinzugeben, alles noch einmal aufkochen und weitere 30 Minuten schmoren lassen, bis das Schweinefleisch sehr zart ist.

Fricadeller

Als ich eine Zeitlang in den Cotswolds arbeitete, hatten wir einen großartigen deutschen Koch, der eine Engländerin geheiratet und sich in der Nähe niedergelassen hatte. Ein weiterer Kochkollege kam aus Schweden und zeigte uns, wie man diese köstlichen Frikadellen zubereitet. Der deutsche Koch servierte sie zum Mittagessen mit Tomatensauce, aber in Schweden reicht man eine cremige Rahmsauce dazu.

FÜR 4 PERSONEN

450 g mageres Schweine-
  hackfleisch
3 Scheiben Graubrot
1 Zwiebel, geschält und fein
  gehackt
1/4 TL Piment
1 Ei
1 EL Milch
2 TL frischer Dill, gehackt
Salz und schwarzer Pfeffer
Pflanzenöl zum Braten

FÜR DIE DILLSAUCE
4 EL Sour Cream
2 TL frischer Dill, gehackt

Alle Zutaten bis auf das Öl miteinander vermengen und zu 12 kleinen, flachen Frikadellen formen. Kühl stellen.

In reichlich Pflanzenöl braten, bis sie auf beiden Seiten goldbraun und durchgegart sind. Herausnehmen und warm halten. Für die Sauce zum Fett in der Pfanne etwas Wasser, die Sour Cream und den Dill geben. Verrühren und heiß werden lassen, dann zu den Frikadellen servieren.

PASTETEN & TERRINEN

Es gibt viele Meinungen dazu, was der Unterschied zwischen einer Pastete *(pâté)* und einer Terrine ist. Eine Terrine wird meist in einer rechteckigen Form gemacht, gestürzt und in Scheiben geschnitten; eine Pastete wird oft direkt aus ihrer Steingutform serviert. Im deutschen Sprachraum hat eine Pastete oft eine Teighülle, während die Terrine mit Speck umwickelt und mit anderen Fleischstreifen, Nüssen etc. durchzogen ist. Sobald Sie eine leckere Grundmischung bzw. -farce gefunden haben, können Sie Ihre eigenen Pasteten und Terrinen kreieren. Schweinefleisch spielt dabei immer eine große Rolle – sowohl Pasteten als auch Terrinen verwenden frisches und gepökeltes Fleisch und für den Geschmack auch oft die Leber. Ohne das Schwein hätten wir wahrscheinlich weder Pasteten noch Terrinen.

Landhausterrine

Dieses simple Grundrezept ist einfach zuzubereiten und kann durch immer neue Zutaten variiert werden, z.B. Pistazien, gehackte Aprikosen, gekochten Schinken oder kurz gebratene Hühnerlebern.

FÜR 8–10 PERSONEN

2 TL Butter

1 Zwiebel, geschält und fein gehackt

150 ml Brandy

350 g mageres Schweinefleisch aus dem Rücken oder der Keule

350 g mageres Rosé-Kalbfleisch

225 g frisches Schweinefett

2 Eier, leicht verquirlt

1 TL Salz

$^1/_4$ TL Piment

$^1/_4$ TL frischer Thymian, gehackt

1 Knoblauchzehe, geschält und zerdrückt

schwarzer Pfeffer

2 Lorbeerblätter

4 Streifen durchwachsener Speck

Den Backofen auf 180 °C vorheizen. Die Butter in einem Topf zerlassen, darin die Zwiebel weich und glasig dünsten, aber keine Farbe annehmen lassen. Den Brandy zugeben und auf die Hälfte reduzieren, dann zum Abkühlen beiseitestellen. Schweine- und Kalbfleisch mit dem Fett zusammen durch den Wolf drehen, die Zwiebel und alle weiteren Zutaten bis auf die Lorbeerblätter und den Speck hinzugeben und gut vermengen. Zum Abschmecken eine kleine Portion der Mischung in etwas Pflanzenöl braten, probieren und die Mischung nach Geschmack salzen und pfeffern.

Die Mischung in eine 1 Liter fassende Terrinen- oder Auflaufform drücken. Die Lorbeerblätter obenauf legen und mit dem Speck bedecken. Mit einem Deckel oder Alufolie abdecken. In einer Bain-Marie im Ofen etwa 1 $^1/_2$ Stunden garen. Eine längliche Terrine ist schneller fertig als eine ovale – wird ein Holzspieß in die Mitte gesteckt, sollte der austretende Fleischsaft klar sein, nicht mehr rosa. Aus dem Ofen und der Bain-Marie nehmen, auf ein Tablett stellen und Deckel bzw. Folie abnehmen.

Folgender Schritt ist optional: Durch Pressen wird die Terrine schön fest; wird es nicht gemacht, ist sie etwas lockerer. Die Terrine mit Frischhaltefolie abdecken, einen in der Größe passenden Teller, ein Brett oder eine Pfanne darauflegen und bis zu 2 Kilo schwere Gewichte daraufstellen (z.B. Konservendosen). Tritt Flüssigkeit aus der Terrine auf das Tablett aus, diese entsorgen. Ist die Terrine abgekühlt, kann sie ohne Gewichte kühl gestellt werden.

Am besten zieht die Terrine vor dem Servieren mindestens 24 Stunden durch. Sie hält sich eine Woche oder länger. Zum Servieren entweder direkt aus der Form verteilen oder stürzen und in Scheiben schneiden. Mit Toast oder knusprigem Brot servieren.

Terrine vom Schwein mit Pistazien

Durch die Lebern und die Sahne bekommt diese Terrine eine cremigere Konsistenz. Das Beschweren läuft genauso ab wie beim ersten Rezept. Kombinieren Sie beide Rezepte miteinander und tauschen Sie Zutaten aus, um Ihre eigene Terrine zu kreieren.

FÜR 8–10 PERSONEN

250 g mageres Schweine-
fleisch

125 g Schweinefett

125 g Hühnerlebern

$1/4$ TL Piment

1 Prise Nelken, gemahlen

1 Prise Muskatnuss, ge-
mahlen

2 Knoblauchzehen, geschält
und zerdrückt

2 EL Brandy

Je $1/2$ TL Salz und schwarzer
Pfeffer

1 Zwiebel, geschält und fein
gehackt

1 EL Butter

2 Eier, leicht verquirlt

160 g Crème double

50 g geschälte Pistazien

200 g durchwachsener
Speck in Streifen

225 g dünn geschnittener
Schinken

1 Lorbeerblatt

Den Backofen auf 180 °C vorheizen. Das Schweinefleisch und die Lebern zusammen mit Gewürzen, Knoblauch, Brandy, Salz und Pfeffer vermengen und durch den Wolf drehen. In eine Schüssel geben. Die Zwiebel in der Butter weich dünsten, dann zum Fleisch geben. Eier, Crème double und Pistazien untermischen.

Eine 1 Liter fassende Terrinenform mit dem Speck auslegen (noch etwas für die Oberseite aufbewahren), ein Drittel der Fleischmischung hineindrücken. Um die Masse in die Ecken der Form zu bekommen, hilft es, nacheinander beide Enden der Form anzuheben und damit auf den Tisch zu klopfen. Eine Scheibe Schinken obenauf legen, dann noch eine, dann eine weitere Schicht der Mischung einfüllen, noch einmal Schinken und eine letzte Schicht Fleischmischung. Den restlichen Speck und zum Abschluss das Lorbeerblatt darauflegen und alles mit einem Deckel oder Aufolie abdecken.

In einer Bain-Marie im Ofen etwa 1 $1/2$ Stunden garen. Wird ein Holzspieß in die Mitte gesteckt, sollte der austretende Fleischsaft klar sein, nicht mehr rosa.

Idealerweise sollte die Terrine nun zusammengepresst werden. Den Deckel bzw. die Folie abnehmen (bleibt Folie zurück und gerät in Kontakt mit dem Fleisch, kann das den Geschmack beeinträchtigen), die Terrine mit Frischhaltefolie überziehen und wie im vorigen Rezept beschweren. Vor dem Servieren am besten 3 Tage stehen lassen. Zum Servieren entweder direkt aus der Form verteilen oder stürzen und in Scheiben schneiden.

FÜR 12 PERSONEN

3 junge Tauben
Salz und schwarzer Pfeffer
Erdnuss- oder Olivenöl
200 g fetter Speck
350 g Wildvogel- oder
  Hühnerlebern
1 Prise Quatre-épices
  (Viergewürz)
4 Eigelb
265 g Crème double
2 EL Brandy
50 g Sultaninen

Den Backofen auf 240 °C vorheizen.

Die Beine der Tauben entfernen – sie können später als Suppenbasis Verwendung finden. Die Tauben würzen und mit Öl beträufeln, dann in einem Bräter 10 Minuten im Ofen garen. Mindestens 1 Stunde oder über Nacht ruhen lassen.

Den Backofen auf 200 °C stellen. Speck, Lebern, 2 Esslöffel Salz, Quatre-épices und etwas Pfeffer in der Küchenmaschine zu einer glatten Creme verarbeiten. Eigelb, Crème double und Brandy hinzugeben und 30 Sekunden verrühren. Durch ein Sieb streichen, um Fasern der Lebern zu entfernen.

Die Sultaninen in warmem Wasser waschen und auf Küchenpapier abtropfen lassen – so bleiben keine Schwefelstoffe zurück. Die Brüste der Tauben abschneiden, häuten und in kleine Würfel schneiden. Mit den Sultaninen unter die Lebermischung rühren.

Die Mischung in einer 1 Liter fassenden Terrinenform verteilen, abdecken und in einer Bain-Marie im Ofen 45 Minuten bis 1 Stunde garen, bis beim Anstechen der austretende Fleischsaft klar ist.

Abkühlen lassen, dann in den Kühlschrank stellen – die Terrine hält sich bis zu 1 Woche. Direkt aus der Form mit Toast oder knusprigem Brot servieren.

Terrine mit Schweine-fleisch und Tauben

Eine köstliche, sehr sämige Terrine. Sie ist zwar etwas aufwendig in der Herstellung, ähnelt jedoch einer Gänseleberpastete, nur ohne Reue! Mit Toast oder Brioche servieren. Wo das Rezept „fetten Speck" ausweist, meint es eigentlich „Fett". Ich bitte den Metzger meist, mir oben etwas von einer ganzen Speckseite abzuschneiden. Wenn Sie keine Wildvogellebern (z.B. Fasan oder Wildente) bekommen können, nehmen Sie stattdessen Hühnerlebern.

Rillettes

Ein traditioneller französischer Brotaufstrich – schmeckt am besten zu einem sommerlichen Abendbrot mit Salaten, Gewürzgurken und Oliven oder bei einem Picknick mit Toast oder knusprigem Brot. In einer kühlen Speisekammer hält er sich bis zu 4 Wochen.

FÜR 4–6 PERSONEN

1 kg Schweinebauch
4 Knoblauchzehen, geschält
   und gehackt
1 TL Meersalz
6 Umdrehungen schwarzer
   Pfeffer aus der Pfeffer-
   mühle
je 1 TL Muskatnuss und
   Muskatnussblüte, gemahlen
einige Zweige Rosmarin
   und Thymian

Den Backofen auf 120 °C vorheizen.

Das Fleisch von Haut und Knochen befreien und in kleine Würfel schneiden. Mit den anderen Zutaten in einen großen Schmortopf geben und mindestens 4 Stunden schmoren; alles Fett sollte vollständig flüssig geworden sein.

Das Fett durch ein Sieb in einen Topf abgießen. Das Fleisch im Mörser zerstoßen, mit zwei Gabeln zerpflücken oder in einer Küchenmaschine verarbeiten. Gut würzen, in kleine Gläschen füllen und abkühlen lassen. Zum Versiegeln ein wenig Fett über das Fleisch in jedem Glas gießen. Verschließen und an einem kühlen Ort lagern – eher in der Speisekammer als im Kühlschrank.

Hackbraten

Tendenziell eher ein britischer als ein deutscher Hackbraten. Er schmeckt warm oder kalt, und man isst ihn am besten am Tag nach der Zubereitung.

FÜR 6–8 PERSONEN

350 g Rückenspeck
350 g Schweinebauch
175 g frische Semmelbrösel
1 Zwiebel, geschält und
  gehackt
1 Ei, verquirlt
1 TL Senfpulver
1 TL frischer Salbei,
  gehackt
8 EL trockener Cider
Salz und Pfeffer

Den Backofen auf 180 °C vorheizen.

Zunächst das gesamte Fleisch durch den Wolf drehen, dann die anderen Zutaten untermengen. In eine 900 g fassende Kastenform drücken, mit Alufolie abdecken und im Ofen 1 $^1/_2$ Stunden garen.

Vor dem Stürzen etwas abkühlen lassen. Schmeckt sehr gut mit Tomatensauce (siehe S. 250). Zum Aufwärmen mit Folie abdecken und im Ofen durchgaren.

NICHT ZU

UNTER

SCHÄTZEN

Oft übergangen

Das Schwein bietet die größte Vielfalt an Innereien: Jeder Teil des
Tieres findet in einer Reihe leckerer Produkte Verwendung. Bevor es
Kühlmöglichkeiten gab, wurden die inneren Organe, das Fett, Kopf, Ohren,
Schnauze, Füße und Schwanz auf unterschiedliche Art konserviert. In
jedem Land tat man das auf ganz eigene Weise – so entstand eine große
Palette köstlicher Spezialitäten.

Innereien, einst als minderwertig angesehen, stehen heute wegen ihrer
Vielseitigkeit in Bezug auf Konsistenz und Geschmack bei Köchen hoch im
Kurs (und sie sind günstig). Gerichte wie Schweinekopfsülze oder *faggots*
(Innereien-Frikadellen) sind heute wieder angesagt.

FETT

Das Schwein hat mehr Fett als andere Tiere. Schweinefett wird seit Jahrhunderten in der Küche und der Medizin eingesetzt. Je größer und fetter das
Schwein war, desto wertvoller – eben nicht nur wegen des Fleischs, sondern
auch wegen des Fetts. In Teilen Europas, in denen Fett einen wichtigen
Nahrungsbestandteil darstellte, wurden damit sogar die Landarbeiter entlohnt.

Gesundheitliche Bedenken, zu viele gesättigte Fette zu sich zu nehmen,
kannten unsere Vorfahren noch nicht. Sie hätten es als Frevel angesehen,
auch nur ein einziges Stück des geschlachteten Schweins zu verschwenden,
und sie schätzten Fett sehr. Sie strichen es aufs Brot (anstelle teurer Butter)
und verwendeten es großzügig beim Kochen. Fett ist nicht nur sättigend, es

ist auch ein Geschmacksträger, hält das Essen schön saftig und verhilft uns zu knusprig-braun gebratenen Köstlichkeiten. In ganz Europa war und ist Fett unerlässlich für die Wurstherstellung – ohne Fett wären Würste sehr trocken und geschmacklos. Auch zum Bestreichen trockener Fleisch- und Wildsorten während des Garens ist Fett wichtig.

Schweinefett wird üblicherweise *Schmalz* genannt (von *schmelzen*). Es ist weiß und schmeckt sehr mild. Schmalz wurde und wird aus den verschiedenen Teilen des Schweins separat hergestellt; die verschiedenen Sorten unterscheiden sich in Qualität und Erhitzungseigenschaften und werden daher auch verschieden eingesetzt.

Schweinenetz ist die netzartige, weiße Membran, die den Magen und die Innereien umgibt. Zum Gebrauch weicht man es mit etwas Essig in warmem Wasser ein, zieht es vorsichtig auseinander (es zerreißt leicht) und tupft es trocken. Es wird zum Einwickeln von Wildgeflügel (z.B. Fasan oder Wachtel), Kalbsleber oder Pasteten verwendet, um die Saftigkeit beim Garen zu erhalten. Die englischen *faggots* (siehe S. 231) werden traditionell in Schweinenetz gewickelt, und die Franzosen (die es *crépine* nennen) wickeln *gayettes* darin ein, eine Spezialität aus dem Midi: große Fleischbällchen aus Schweineleber, Fleisch und Fett, die warm oder kalt schmecken.

Flomenschmalz wird aus der dicken Fettschicht des Bauchfells und der Nieren hergestellt. Es ist mild, weich und feiner als das gewöhnliche Schmalz; es wird gern zum Verfeinern von Teigen verwendet.

Rückenspeck (vom Rücken des Schweins) ist hart und kann entweder gepökelt, zur Herstellung eines guten Schmalzes ausgelassen oder zum Bardieren (siehe S. 216) verwendet werden.

Bardieren kommt aus dem Französischen und bezeichnet das Umwickeln von magerem Fleisch mit dünnen Speckscheiben, um ein Austrocknen beim Garen zu verhindern. *Bardes* sind Speckscheiben, mit denen man Terrinenformen auslegt oder Fleisch umwickelt. Einen ganzen Braten mit Fettstreifen zu durchziehen nennt man Spicken.

Das heutige kommerziell produzierte Schmalz kann aus jeder Art von Schweinefett gemacht werden, indem die zerhackten Schlachtkörper und -abfälle in der Zentrifuge mit Dampf erhitzt werden, um das Fett zu separieren. Dem Schmalz können dann noch Bleich- und Aromastoffe sowie Emulgatoren zugegeben werden.

Früher wurde Speck vor Gebrauch immer schon ausgelassen, um etwaige Verunreinigungen herauszufiltern; Flomenschmalz und Rückenspeck konnten aber auch direkt verwendet werden. Zum Auslassen wurde der

Speck fein gehackt, langsam erhitzt und gefiltert, um feste Bestandteile zurückzulassen. Das Fett wurde in eine saubere Schweineblase gefüllt und an einem kühlen Ort aufbewahrt. Das Fett rund um die inneren Organe und das Bauchfell wurde zu weichem Schmalz verarbeitet, das schnell verbraucht werden musste, bevor es ranzig wurde.

Nach ein paar Monaten hatte das in Gläsern aufbewahrte Fett oft Staub oder Ruß vom offenen Feuer aufgenommen und musste gereinigt werden. Dazu wurde es in einer großen Schüssel mit kochendem Wasser übergossen, sodass es schmolz. Beim Abkühlen wurde es wieder fest; die Verschmutzungen schwammen auf dem abgekühlten Wasser und konnten entsorgt werden. Im spanischen Asturien wird ein Keramiktopf mit geschmolzenem, ausgelassenem Fett immer noch viel genutzt, z.B. in *fabada* (einem Eintopf aus Bohnen, *chorizo*, Blutwurst und Fett), anderen Fleischgerichten und beim Backen.

Die knusprigen Stückchen, die nach dem Auslassen des Fetts in der Pfanne zurückblieben, wurden in Großbritannien, Frankreich, Italien und Spanien in Salz gewälzt und mit Brot gegessen. In England mischte man sie mit braunem Zucker, Gewürzen, Äpfeln, Rosinen, Bier oder Wein und machte daraus eine Art Kuchen. Heute werden diese übrig gebliebenen Stückchen in Großbritannien als *pork scratchings* (Speckchips, siehe S. 248) verkauft und sind ein beliebter Snack. In Italien nennt man sie *ciccioli* – in einigen Gegenden werden sie in Brot eingebacken, dem *pane con ciccioli*. In alten italienischen Rezepten mischte man die Stückchen in Kuchenteig. In Frankreich kennt man sie als *grillons* oder *grattons* und isst sie kalt zum Brot oder mit etwas Salz. In Spanien nennt man sie *cortezas de cerdo* oder *cueritos*, wenn kein Fett mehr dran ist; mit Fett heißen sie *chicharrones* oder *torreznos*. In Portugal sind *courato* ein beliebter Snack, der z.B. in Fußballstadien an Ständen verkauft wird. In den Niederlanden hießen sie früher *kaantjes* und heißen heute *knabbelspek*; in Ungarn heißen sie *tepertö* (oder *töpörtyü* und sind traditioneller Bestandteil der Landküche. Sie werden in Schmalz gebraten und sehr heiß mit großen Brotscheiben und Frühlingszwiebeln gegessen. In Serbien und Kroatien wird die Schweineschwarte *(čvarci)* meist frittiert, auch hier gehört sie zur Landküche. Eine spezielle serbische Variante heißt duvan *čvarci* („Tabakschwarte"), weil die Schwarte dabei so gepresst wird, dass sie wie Tabak aussieht.

Der milde Geschmack von Schmalz macht es ideal zum Kuchen- und Brotbacken: Es ist zwar fast geschmacklos, sorgt aber für eine wunderbar zarte Konsistenz und im Brot für etwas Feuchtigkeit. In England war der sehr reichhaltige und klebrige *lardy cake* (siehe S. 254) vor allem in Gebieten mit viel Schweinehaltung, z.B. Wiltshire und Hampshire, populär. Er wurde dort zu besonderen Gelegenheiten serviert, häufig zum Erntedankfest.

Ein rechteckiges Stück Brotteig wurde mit Trockenfrüchten (in obstreichen Regionen auch frischen Apfelstückchen), Zucker, Gewürzen und Schmalz belegt, einige Male gefaltet und gerollt und goldbraun gebacken. Schmalz ist auch ein wichtiger Bestandteil von herzhaften Pastetenteigen, die mit heißem Wasser angerührt werden (siehe z.B. S. 246, *pork pie*). Früher wurde viel in Schmalz gebraten, da es keinen Geruch hinterlässt und einen sehr hohen Rauchpunkt von 205 °C hat, aber wegen ihres gesünderen Images werden heute Pflanzenöle bevorzugt.

In Spanien verleiht Schmalz den traditionellen *polvorónes*, einem Schmalzgebäck, eine feine Konsistenz. In manchen modernen Rezepten wird stattdessen Butter verwendet. Dies führt zu einem ganz anderen Geschmack und einer anderen Konsistenz. *Mantecados*, krümelige Kekse, die man an Weihnachten isst, werden auch mit Schmalz gebacken. Ihr Name bedeutet „aus Fett gemacht" (*manteca* heißt Fett, *manteca de cerdo* und *manteca de cerdo ibérico* sind also Schweinefett und das Fett des Ibérico-Schweins). Da Ibérico-Schweine hauptsächlich Eicheln fressen, liefern sie ein sehr aromatisches, kalorienärmeres Fett, mit dem man wunderbar knusprige Bratkartoffeln machen kann.

Griebenschmalz oder *Grammelfett* ist eine deutsche und österreichische Spezialität, die aus Schmalz und den beim Auslassen zurückgebliebenen knusprigen Speckstückchen (den Grieben) besteht. Mit Apfelstücken, Zwiebeln und Gewürzen vermischt, entsteht ein leckerer Aufstrich für deftiges Sauerteig- oder Roggenbrot. Rückenspeck wird gepökelt und geräuchert und in Würsten vewendet, zum Umwickeln von magerem Fleisch oder als Brotbelag. *Schmalzgebackenes* nennt man in Deutschland in heißem Fett schwimmend gebackenes Gebäck wie Krapfen oder Berliner.

Im mittelalterlichen Frankreich wurde Schweinefett in all seinen Formen in der Küche verwendet – zum Braten, zum Verfeinern von Suppen und Eintöpfen, zum Bardieren und sogar gerieben in Fischpasteten. Früher gab es am Tag vor Ostern vor der Kathedrale Notre-Dame in Paris einen Schweinefettmarkt. Eine populäre Delikatesse, die es dort gab, war eine Farce aus Erbsen und Schweinefett. Im ersten französischen Kochbuch, das der Koch La Varenne im 17. Jahrhundert verfasste, ist zum ersten Mal die Rede von einer Mehlschwitze *(roux)*, die mit Schweinefett gemacht wird. Ein Stück Bauchfett ist auch heute noch wichtiger Bestandteil der *cassoulets*, *daubes* und *garbures* in Südwestfrankreich – für den unnachahmlich fettigen Geschmack.

In Italien nennt man Schmalz *strutto* und einen besonders gereiften fetten Speck *lardo*. Der perlweiße *lardo* ist eine traditionsreiche Delikatesse, und jede Region Italiens hat ihre eigene Methode des Einlegens. Nach dem Schlachten des Schweins wird das frische Fett zunächst in Salzlake eingelegt, dann mit Salz, Kräutern und Gewürzen eingerieben (jeder Hersteller bewacht mit Argusaugen sein Geheimrezept) und einige Monate abgehangen. Früher wurde das wertvolle Fett so lange wie möglich aufbewahrt und bekam langsam eine gelbe Färbung. Es wurde in Suppen und Brühen aufgelöst, für Teig, Braten und Gemüse verwendet.

Lardo crudo ist ein buttriges Püree aus Schweinefett mit Kräutern und Gewürzen. Im Piemont war es üblich, frische Salami in reinem Schweinefett zu konservieren. *Salam d'la duja* (*duja* ist das typische, enghalsige Terrakottagefäß, in dem sie früher gemacht wurde) ist eine scharfe Wurst aus reinem Schweinefleisch, die 8 Monate gepökelt wird, um ihr Aroma zu entwickeln. Das warme, flüssige Fett wird über die in Töpfchen gefüllte Wurst gegossen, erkaltet und konserviert die Wurst so bis zu ein Jahr.

Lardo di Arnad kommt aus dem Städtchen gleichen Namens im Aostatal in Nordwestitalien und ist bekannt für exzellenten Geschmack und zarte Konsistenz. Er schmeckt köstlich dünn aufgeschnitten und mit schwarzem Pfeffer bestreut oder zu Schwarzbrot und Honig. Er wird aus Rücken- und Schulterfett heimischer Schweine gemacht, die eine sehr dicke Speckschicht besitzen. Die Schweine müssen mindestens 9 Monate alt und 160 kg schwer sein und aus einer der Regionen Aostatal, Venetien, Lombardei, Piemont oder Emilia-Romagna stammen. Nach dem Pökeln mit Salz, Pfeffer und Rosmarin wird das Fett zum Trocknen und Reifen in Tröge gelegt. Diese waren früher aus Kastanien- oder Eichenholz; heute sind sie aus Plastik oder rostfreiem Stahl.

Lardo di Colonnata ist der köstliche, aromatische *lardo* aus dem kleinen Dorf Colonnata in der Toskana, wo man Techniken anwendet, die schon in der Antike gebräuchlich waren. Das Fett wird mit gewürfeltem Knoblauch, Rosmarin, Salbei, Oregano, Salz und Pfeffer in marmorne Tröge *(concas)* geschichtet, die mit Knoblauch ausgerieben wurden, und reift dann mindestens 6 Monate und bis zu 2 Jahre. Früher geschah das in Höhlen aus dem gleichen Marmor, heute auch in Kellern. Das Salz entzieht dem Fett das Wasser und hinterlässt weißes, festes, aber cremiges Fett. Das billige und sättigende Fett war die ideale Nahrung für die hart arbeitenden Steinmetze, die den Marmor aus den Steinbrüchen holten. Auch Michelangelo (1475–1564) soll diese Delikatesse verzehrt haben, wenn er in den Marmorbrüchen Steinblöcke für seine Skulpturen auswählte.

Die *lardo*-Produktion ging seit 1996 stark zurück, weil EU-Gesundheits-inspektoren damals die jahrhundertealten Methoden als gefährlich befanden und strenge Regeln einführten. Tatsächlich können gar keine Bakterien entstehen, da das Fett ja in der Salzlake liegt. Zum Glück kam die Slow-Food-Bewegung zur Hilfe: Sie schützte und regulierte die *lardo*-Herstellung kleiner, handwerklicher Produzenten und machte *lardo* zu einem der ersten traditionellen italienischen Lebensmittel, die unter dem Schutz der *Arca del Gusto di Slow Food* stehen. Heute wird *lardo* auf traditionelle Weise gemacht und mit heimischen, duftenden Kräutern gepökelt; wegen seines einzigartigen Aromas und der seidigen Konsistenz ist er sehr begehrt.

Das Produkt bekam 2004 den europäischen g.g.A.-Status (siehe S. 109). Dazu muss der *lardo* vollständig in Colonnata hergestellt werden, die Schweine müssen beim Schlachten mindestens 160 kg wiegen, die Kräuter und Gewürze müssen frisch sein und der Reifungsprozess muss mindestens 6 Monate dauern. Das für *lardo* zuständige Gremium ist eng mit einer anderen Kommission verbunden, die über die *Cinta Senese* wacht, die einzige toskanische Schweinerasse, die noch nicht ausgestorben ist.

Lardo schmeckt am besten sehr dünn geschnitten und zimmerwarm mit knusprigem Brot oder Toast. Er ist eine wahre Touristenattraktion geworden, deretwegen die Leute nach Colonnata kommen. Beim Fest *Sagra del Lardo*, jedes Jahr Ende August, wird ihm gehuldigt.

In Zentral- und Osteuropa wird gepökelter Rückenspeck *salo* genannt und ist dem *lardo di Colonnata* sehr ähnlich. *Salo* ist ein sehr beliebtes Traditionsessen, besonders in den harten, kalten Wintern. *Salo* aß man mit Brot bei der Feldarbeit. Er ist eigentlich kein richtiger Speck, da er fast nur aus Fett besteht. Allerdings wird sehr fettiger Speck mit wenig Fleisch verwirrenderweise ebenfalls als *salo* bezeichnet …

In Ungarn heißt *salo szalonna*, in Polen *słonina*, in Tschechien *slanina*. In Osteuropa wird *salo* gesalzen oder in Lake eingelegt, während er in Zentraleuropa eher mit einer dicken Schicht Paprika, Pfeffer oder anderen Gewürzen gepökelt und in manchen Regionen auch geräuchert wird. Die großen Fettstücke werden kleiner geschnitten und mit Salz eingerieben, mit der Hautseite nach unten in Holzkisten oder -fässer gelegt, abwechselnd mit Salz geschichtet und an einen dunklen, kalten Ort gestellt, wo sie sich ein Jahr oder länger halten.

Dünn aufgeschnittener *salo* auf mit Knoblauch eingeriebenem Roggenbrot ist in Russland ein traditioneller Snack zum Wodka (in der Ukraine zum *horilka*, dem ukrainischen Wodka). Er kann auch gebraten werden oder fein gehackt mit Knoblauch im *Borschtsch* Verwendung finden. Kleine *salo*-Stückchen kommen auch in einige Wurstsorten. *Salo* wird oft klein gehackt und ausgelassen, um das Fett zum Kochen zu benutzen. Die zurückbleibenden knusprigen Stückchen (*skwarki* auf Ukrainisch) werden mit Bratkartoffeln oder Teigtaschen *(wareniki)* gegessen. Auch die Schwarte kann zum Kochen von Brühe oder *Borschtsch* verwendet und vor dem Servieren entsorgt werden. In der Ukraine ist *salo* so beliebt, dass es zum Nationalgericht avancierte – man hat sogar schon Lieder und Gedichte darüber geschrieben. Jeden Oktober gibt es in der Ukraine *salo*-Feste mit *salo*-Wettessen und riesigen *salo*-Sandwiches. Der größte *Salburger* kam in das *Ukrainian Records Book* und das *Guinness-Buch der Rekorde*: Er wurde aus 105 kg *salo* und 180 Brotlaiben gemacht und war 28,7 Quadratmeter groß.

In osteuropäischen Witzen gilt *salo* als Objekt der Begierde eines typischen Ukrainers. Ein traditionsreicher Ausdruck ist „schokoladenüberzogener *salo*" *(salo v shokoladi)*, der eine eklektische Geschmacksmischung bezeichnet. In den frühen 1990er Jahren wurde daraus Ernst, als ein Restaurant in Lemberg es als Gericht auf die Speisekarte setzte und ein Pralinenproduzent es als Praline herstellte. Die fingergroßen Riegel sind in rotes Papier gewickelt und zeigen einen ukrainischen Kosaken mit Schnauzbart, der ein Stück *salo* kaut.

Außer in der Küche wurde Schweinefett auch in der Medizin verwendet. Im 16. Jahrhundert soll Sir Francis Bacon damit seine Warzen behandelt haben: Er rieb sie mit Schweinefett ein, das danach in die Sonne gehängt wurde – als das Fett schmolz, verschwanden die Warzen. In der Naturheilkunde wurde bei Husten und Erkältung mit Kräutern angereichertes Schmalz auf Brust und Hals gerieben. Auch Hautkrankheiten wurden damit behandelt.

INNEREIEN

Die Innereien umfassen alle inneren Organe (Leber, Nieren, Herz, Darm, Zunge, Hirn, Kutteln) sowie Füße, Ohren und den Schwanz. Die mageren, nährstoffreichen und günstigen Innereien bieten eine faszinierende Vielfalt an Aromen und Texturen. In den letzten Jahrzehnten sind sie in angesagten Restaurants sehr in Mode gekommen.

Die alten Griechen und Römer mochten Innereien und verarbeiteten die Organe des Schweins vollständig. Zitzen, Gebärmütter und Euter von Sauen waren exklusiv für Festessen reserviert. Die Römer liebten besonders Schweineohren, -bäckchen, -schnauze und -zunge – sie galten als Delikatessen. Diese gallertartigen Stücke nannte man „gekochtes Fleisch", weil sie lange gekocht und meist in Suppen serviert wurden. Erkaltete die Suppe, wurde sie zu einem steifen Gelee, das dann zum Essen in Scheiben geschnitten wurde. Schweinezungen wurden mit Wein, Zwiebeln und Kräutern gekocht und mit einer pikanten Sauce serviert.

Eine weitere römische Delikatesse war *ficatum*, eine Art Leberpastete aus der Leber eines Schweins, das mit getrockneten Feigen gemästet wurde. Die fette Leber wurde in Gewürzen und *garum* mariniert (eine stark gesalzene, fermentierte Fischsauce) und in einem Schweinenetz gebraten. Nach einem römischen Rezept wurde eine Schweineleber langsam gegart und dann mit Gewürzkuchenkrumen, gerösteten Mandeln, Pinienkernen, gehacktem Schweinebauch, Zitronenschale, Essig und Zucker gemischt. Diese Mischung kochte man und rührte kurz vor dem Servieren noch etwas Minze hinzu.

Die Entwicklung des kommerziellen Speckpökelns in Europa im 19. Jahrhundert führte dazu, dass Schweineinnereien einfacher erhältlich waren. Die damaligen Londoner Metzger waren sehr einfallsreich – ihr Spruch war „Wir verwenden alles vom Schwein, bis auf das Quieken". Schweineohren waren ein beliebter Snack; nach dem Absengen wurden sie mit Salz, Möhren und Zwiebeln gekocht und verkauft. Außerdem verkauften die Metzger *pig's fry*: dafür wurden Herz, Lunge, Leber und andere Innereien zerkleinert, in Mehl gewälzt, gewürzt und gebraten.

Das Bries (Thymus- und Bauchspeicheldrüse) galt früher als Essen für Kranke. Man ließ es in Salzlake ziehen, kochte es in frischem Wasser, bis es zart und weiß war, schnitt Haut und Knorpel ab und schnitt es in dicke Scheiben. Heute ist es bei Gourmets begehrt.

In England ist eine traditionelle Art, Schweineinnereien zu verarbeiten, das Zubereiten von *faggots* („Bündeln"). Leber, Herz und Milz werden fein gehackt, mit Schweinefett, Kräutern und Gewürzen gemischt, zu Frikadellen geformt und in ein Schweinenetz gehüllt. Heute isst man sie gebacken oder gebraten (siehe S. 231) mit Erbspüree – eine leckere und günstige Mahlzeit. In den nordenglischen Grafschaften Lancashire und Yorkshire nennt man sie auch *savoury ducks*.

Ein *haslet* ähnelt den *faggots*, wird aber meist kalt gegessen. Gekochtes, eingelegtes Schweinefleisch und Innereien werden gewürzt und zu einer Art Hackbraten geformt, manchmal in Schweinenetz gehüllt, gegart und in Scheiben geschnitten. Die Hackmischung wurde früher auch als Pie-Füllung genommen.

Der Dünndarm des Schweins wird oft als Wursthülle verwendet; manche Metzger verkaufen ihn gesäubert, gebrüht und in kurze Stücke geschnitten oder geflochten zum Servieren. Man kann ihn kalt mit Senf oder Essig essen, mit Speck gebraten oder in einer Teighülle ausgebacken. Manche Metzger pressen ihn nach dem Brühen in eine Form; die austretende Flüssigkeit wird zu einem festen Gelee.

Früher wurden auch Knochen nicht weggeworfen: Man legte sie in Lake ein und verwendete sie in Suppen und Eintöpfen. In der Karibik aromatisiert man Suppen und Eintöpfe hingegen mit einem eingesalzenen Schweineschwanz.

Sülze (und als besondere Form der Presskopf) wurde kurz nach der Schlachtung hergestellt. Kopf, Schwanz und Füße des Schweins wurden gesäubert, in Lake eingelegt und gewürzt, dann so lange mit Zwiebeln, Kräutern, Gewürzen und Essig gekocht, bis das Fleisch vom Knochen fiel. Es wurde dann entweder im Mörser zu einer Paste verarbeitet oder fein gehackt und in ein Gelee aus der Brühe gelegt. Wie lange sich Sülze hielt, hing hauptsächlich vom Salz- und Essiggehalt des Gelees ab, doch selbst bei kaltem Wetter musste sie innerhalb einiger Wochen verzehrt werden.

Im England des Mittelalters galt Wildschweinsülze als Delikatesse. Man servierte sie manchmal mit einem süßen, gewürzten Weinsirup. Viele festliche Gerichte waren sehr aufwendig: Für *Mawmeny Royal* wurde zerschnittene, gekochte Sülze mit Pinienkernen, Mandelmilch, Korinthen, gekochter und pürierter Quitte, Eigelb und vielen Gewürzen vermischt. Das Ganze wurde in eine Form gegeben, mit einer Weinsauce übergossen, die *Eau de vie* enthielt, und spektakulär flambiert. Später wurde es Sitte, zu einer Sülze nur noch Senf zu reichen.

Alles vom Schwein:

1. Fuß
2. Leber
3. Herz (S. 219)
4. Nieren (S. 220)

BARDIEREN

Bardieren bedeutet, Fett um ein Fleischstück zu wickeln. Der ursprüngliche Grund dafür war, die Außenseite großer Fleischstücke während des Garens am Spieß vor dem Austrocknen und Zäh-Werden zu bewahren.

Manch einer hält es bei den heutzutage eher mageren Fleischstücken für notwendig, beim Garen Fett hinzuzugeben, und tatsächlich sieht ein hübsch bardiertes Stück Fleisch eindrucksvoll aus. Rückenspeck wird oft für Wild verwendet, das immer mager ist und daher zum Trockenwerden neigt. Auch mit einem Schweinenetz kann man Fleisch bardieren. In modernen Rezepten werden Geflügel oder Fisch mit luftgetrocknetem Schinken oder Speck umwickelt, was den gleichen Effekt hat und dem Fleisch zudem einen intensiveren Geschmack verleiht. Beim Braten eines Fasans verwende ich oft durchwachsenen Speck: In der ersten Garphase schützt er die Brust des Vogels, und später freuen sich alle über ein knuspriges Extra auf der Servierplatte. Probieren Sie mal aus, ein Hähnchenbrust- oder Lachsfilet mit luftgetrocknetem Schinken zu umwickeln und in etwas Brühe oder Wein zu pochieren. Das Fleisch bzw. der Fisch bleibt saftig und nimmt etwas vom Geschmack des Schinkens an.

Schweinefleisch in Pancetta mit Kräutern

Eine Idee für ein Stück mageres Schweine- oder Kalbfleisch ohne Knochen, das nicht nur in Pancetta, sondern auch in Kräuter eingewickelt wird.

Ein 900 g schweres Stück mageres Schweine- oder Kalbfleisch gut trocken tupfen, salzen und pfeffern. In einer heißen Pfanne in etwas Pflanzenöl rundherum anbräunen. 340 g dünn geschnittenen Pancetta auf ein großes Schneidebrett legen, einige Zweige frischen Majoran oder Oregano darauflegen, das Fleisch darin einwickeln und mit Garn zubinden. Im heißen Backofen bei 220 °C 40–50 Minuten garen, danach 15 Minuten ruhen lassen. Das Fleisch behält so mehr Feuchtigkeit als sonst und hat eine wunderbare neue Geschmacksnote. Trotz allem finde ich aber, dass ein Stück Fleisch, das von sich aus ordentlich Fett hat, immer noch besser ist!

Schweinefüße müssen lange geschmort werden, um zart zu werden. Sie können auch gekocht werden oder entbeint und gefüllt. Während des Garens wird das Bindegewebe weich und produziert viel Gelatine. Dies macht die Füße zur idealen Suppenbeigabe, denn die Gelatine bindet die Flüssigkeit. Auch Fleisch-Pies verleiht sie Festigkeit.

In Irland nennt man gesalzene Schweinefüße *cruibíns*. Früher wurden sie auf der Straße verkauft, und man konnte sie zu Hause kochen. Fertig gegarte *cruibíns* gab es in Pubs (oft zusammen mit Sodabrot und Kohl), denn das salzige Fleisch machte schön durstig.

In Frankreich findet man Innereien in zahlreichen Fleischdelikatessen wie Terrinen, Sülzen (dort *fromage de tête*, „Kopfkäse", genannt), Galantinen, Pasteten, Rillettes und Confits. Diese Produkte sollten das Fleisch ursprünglich – vor der Erfindung des Kühlschranks – einfach nur konservieren, werden aber heute wegen ihres Geschmacks und ihrer Textur hoch geschätzt. Jede Region hat ihre eigenen köstlichen (und günstigen) Gerichte, die auf Innereien basieren.

Die *charcutiers* kochen häufig Schweinefüße aus, um die Gelatine für Terrinen zu nutzen. Auch verkaufen sie fertig zubereitete Schweinefüße *(pieds panés)* zum Aufwärmen zu Hause. Die krosse Kruste und das weiche, saftige Fleisch sind eine unwiderstehliche Kombination. Eine sehr alte Methode, Schweinefüße zuzubereiten, die es nur in der Champagne gibt, ist *Pieds de Porc Ste Menéhould* (siehe S. 244/45). Es heißt, König Karl VII. habe dieses Gericht 1435 gegessen. Die Schweinefüße werden dabei mit Gewürzgurken, Zwiebeln und Senf oder mit Ste-Menéhould-Sauce serviert, welche aus Senf, Zwiebeln, Essig und Kräutern besteht. Das klassische Rezept schreibt vor, die Füße rund 40 Stunden zu schmoren, bis die kleinen Knochen buchstäblich im Mund schmelzen. Die gegarten Füße werden manchmal noch in Semmelbröseln paniert und in Butter goldgelb gebraten.

Pouteille, eine Mischung aus dem Fleisch des Schweinefußes, Rindfleisch, Wein, Salz, Pfeffer und Gewürzen, stammt aus La Canourgue, einem kleinen Dorf im nördlichen Languedoc. Man isst es dort an Sonn- und Feiertagen. Einst brachten die Familien das Gericht zum örtlichen Bäcker, der es im Brotofen garte; heute wird es in Delikatessenläden verkauft. Eine weitere Spezialität der Region sind *fricandeaux* – kleine, mit Salz, Pfeffer, Kräutern und Knoblauch gewürzte Pasteten aus Schweinefleisch und Innereien, die man warm oder kalt als Vorspeise genießt.

Eine italienische Spezialität, *fegatelli* (mit Schweinenetz umwickelte Leber, die gebraten oder gegrillt wird), ist den *faggots* erstaunlich ähnlich. Schweineleber und -herz werden in der süditalienischen Küche häufig verwendet, u.a. in *fegatelli* und *ragus*. Die Milz *(milza)* ist die Basis für ein

4

Gericht aus dem sizilianischen Palermo. Sie wird über Holzkohle gegrillt, dann sehr dünn geschnitten, mit Chili in Olivenöl gebraten und in einem Brötchen serviert.

Zampone sind mit einer Mischung aus Schweinehack, Schwarte, Fett, Salz und Gewürzen gefüllte Schweinefüße. Sie sollen aus dem norditalienischen Modena stammen, werden aber seit dem 19. Jahrhundert im ganzen Land gegessen, besonders zu Weihnachten und in den Wintermonaten. Das Gericht hat eine hübsch gelatineartige Konsistenz und wird komplett verzehrt. *Zampone* gibt es vorgekocht und roh; letztere kocht man zu Hause; sie schmecken am besten.

In Deutschland sind Innereien nicht weitverbreitet – im Süden mehr als im Norden. *Sülze* wird unter anderem aus Schweinekopf, Aspik, gewürfelten Gewürzgurken und Möhren gemacht und gern kalt zu Bratkartoffeln gegessen.

Die Serben essen zu besonderen Gelegenheiten traditionell Schweine-bäckchen, besonders an Silvester. Das feste Fleisch muss lange gekocht werden, bis die Fasern eine gelatineartige, weiche Konsistenz bekommen.

Olla podrida (siehe S. 180) ist ein beliebtes spanisches Gericht. Seine Ursprünge liegen im Mittelalter; damals hieß es *olla poderida* (olla = Eintopf; *poderida* = stark), was wohl auf seine starken Zutaten anspielte – oder die Tatsache, dass es ein Gericht für die Reichen und Mächtigen war. Allmählich verschwand das „e", und nun heißt das Gericht *podrida*, was leider „verfault"bedeutet. *Olla podrida* schmeckt besonders gut mit den feinen roten Bohnen aus Ibeas de Juarros, obwohl in vielen Rezepten Kichererbsen genommen werden. Die Bohnen werden einige Stunden lang in einem Tontopf weichgekocht. Im nächsten Schritt kommen die „starken" Zutaten hinzu: Speck, *morcilla* aus Burgos, *chorizo* sowie Rippchen, Ohren und Schnauze eines geräucherten Schweins. Manchmal ist auch eine Füllung dabei. Man isst es als Hauptgericht, aber Bohnen und Fleisch werden häufig einzeln serviert.

Spanien ist ein weiteres Land, in dem man alle Teile des Schweins verwertet. Nach dem Schweineschlachten *(matança)* auf Mallorca gab es stets *frit mallorqui*, gebratene Innereien mit Kartoffeln, Zwiebeln und Tomaten. Heute findet man es auf Speisekarten mit *tumbet*, einem Auflauf aus Auberginen, Kartoffeln, Tomaten, Paprika und Knoblauch. In ganz Spanien liegen in den Auslagen der Metzgereien Schweinefüße *(manitas de cerdo, codillo de cerdo)*; gekocht, geschmort oder mit Fleisch gefüllt und gebraten findet man sie in vielen Restaurants. Ein Rezept aus Südspanien findet sich auf S. 243. In Katalonien werden Schweinefüße traditionell mit Schnecken gegessen.

Pork Pies (Schweinefleischpasteten)

Die typisch englischen *pork pies* gelten weltweit als gelungenes Beispiel für die traditionelle britische Küche. Unter einer knusprigen, goldbraunen Teigkruste verbirgt sich eine köstliche Füllung aus gehacktem, würzigem Schweinefleisch in Gelee – das Rezept hat sich seit Jahrhunderten kaum verändert. *Pork pies* isst man immer zimmerwarm; bei einem Jagdfrühstück oder Picknick gehören sie unbedingt dazu.

Die Ursprünge dieser Pasteten liegen im alten Rom: Dort kleidete man Fleisch oder Fisch zum Garen in einen schützenden Mantel aus Mehl und Wasser, der vor dem Essen entfernt wurde. Er sollte Saftigkeit und Geschmack im Fleisch halten und hielt gleichzeitig nach dem Garen Verunreinigungen ab. Der Teig wurde den Bediensteten oder Bettlern gegeben, für die er eine seltene Delikatesse war – schließlich war er mit köstlichem Fleischsaft getränkt. Später wurde der Teig reichhaltiger und wurde auch mit. Man weiß nicht, ab wann dem Teig Fett (Butter, Schmalz oder Rindernierenfett) zugegeben wurde, aber die dadurch entstehende knusprige Kruste führte zur Entwicklung der heutigen Pasteten, die schon im England des 12. Jahrhunderts sehr beliebt waren und sogar in Chaucers *Canterbury Tales* erwähnt werden. Das Wort *coffin* oder *coffyn* („Sarg“) bezeichnete die Teighülle, die man im Voraus zubereitete. Noch reichhaltiger war der Teig für kleine Pasteten, die bei Festessen serviert wurden, z.B. *chastletes*, die mit Schweinefleisch oder Mandeln gefüllt und mit Safran oder Sandelholz eingefärbt wurden.

Frühe mittelalterliche Rezepte enthielten keine genauen Anweisungen für die Teigzubereitung; dort hieß es nur „ein kräftiger Teig“. In Kochbüchern des 15. Jahrhunderts werden die Zutaten grobes Mehl, Rindernierenfett und kochendes Wasser angegeben. Dies kommt dem heute für *pork pies* verwendeten Heißwasserteig schon sehr nahe. Ein *raised pie* heißt so, weil der warme Teig von Hand in einer Form hochgezogen wird. Der feste Teig lässt sich gut formen; häufig machte man daraus komplizierte Dekorationen für *raised pies*.

Die Weizenknappheit, die während des späten 18. und frühen 19. Jahrhunderts wegen der Napoleonischen Kriege in England herrschte, verteuerte das Mehl, sodass viele Köche nur noch vereinfachte Pies ohne Teigkruste machten. Ofenfeste Formen imitierten die dekorative Kruste und wurden als pie-crust-Töpferei bekannt. *Pie-crust*-Geschirr von Wedgwood oder Spode, oft dekoriert mit Wild-Reliefs und einem Kaninchen als Griff, erzielt heute hohe Preise.

Als das Mehl wieder erschwinglich wurde, buk man auch wieder Fleischpasteten, die einen enormen Aufschwung erlebten. Jede Grafschaft hatte ihre eigene Würzung für die Füllung, z.B. Muskatblüte, Pfeffer, Ingwer, Koriander oder Muskat. Das Fleisch kann gepökelt sein, dann hat die Füllung eine rosa Färbung, oder ungepökelt, dann ist sie grau. Die heiße Pastete wird mit einer gelatineartigen Brühe aus den Knochen und verschiedenen Teilen des Schweins gefüllt, die beim Abkühlen fest wird.

Eine typische Variante des *pork pies* ist der *gala pie* – eine Schweinefleischpastete mit einem hartgekochten Ei in der Mitte. *Gala pies* werden in einer Kastenform gemacht; mehrere Eier werden in der Mitte eingebacken.

Melton Mowbray in Leicestershire ist die Heimat des wohl berühmtesten *pork pies* der Welt. Ein von Hand geformter reichhaltiger, knusprig-goldener Teig umgibt eine Füllung aus von Hand gehacktem Schweinefleisch und leckerem Gelee. Die Gegend ist auch für ihren Stilton-Käse berühmt, der dort seit dem 18. Jahrhundert produziert wird. Nach dem Käsen wurde die übrig gebliebene Molke an die Schweine verfüttert, und so erlebte die Schweinezucht einen Aufschwung. Im frühen 19. Jahrhundert war die Stadt außerdem für ihre Fuchsjagden bekannt, und *pork pies* waren ein perfekter Proviant für die hungrigen Jäger. Sie brachten die leckeren Pasteten nach London mit, wo sich ihr Ruf rasch verbreitete und die Nachfrage stieg, sodass die Bäcker in Melton Mowbray immer mehr produzieren mussten. Töpfereien stellten *pork pies* aus Porzellan mit dem Stadtwappen von Melton Mowbray als Souvenir her.

Jeder Hersteller hat sein eigenes Geheimrezept, aber ganz allgemein werden *Melton-Mowbray-Pork-Pies* mit stark gewürztem, grob gehacktem, ungepökeltem Schweinefleisch gefüllt. Der Heißwasserteig wird von Hand rund um einen Holzblock (die *dolly*) hochgezogen, der entfernt wird, wenn die Füllung in den Teig kommt. Der Pie wird mit Eigelb bestrichen, damit er später goldbraun glänzt, und freistehend gebacken – das ist sehr wichtig für einen authentischen *Melton-Mowbray-Pie*. Nach dem Backen wird eine Brühe aus Schweinefüßen und -knochen durch ein Loch von oben in den Pie gegossen; sie kühlt ab und wird zu Gelee.

Die *Melton Mowbray Pork Pie Association*, eine kleine Gruppe Hersteller von authentischen *pork pies*, hat nach einer zehnjährigen Kampagne für die echten *Melton-Mowbray-Pork-Pies* den g.g.A.-Status erhalten (siehe S. 109). Die Pasteten müssen nun also ausschließlich auf die traditionelle Art, nach dem traditionellen Rezept und in oder nahe der Stadt Melton Mowbray gebacken werden.

Pork pies gehören immer noch zu den beliebtesten englischen Speisen. Ein Paar aus West Yorkshire mochte so gern *pork pie*, dass sie bei ihrer Hochzeit 2005 statt einer Hochzeitstorte einen dreistöckigen *pork pie* servierten, der 22,5 kg wog und dessen Zubereitung 24 Stunden dauerte.

Bath chaps
(Schweinebäckchen)

Dieses köstliche Essen sollten Sie wirklich mal zu Hause ausprobieren. Manche sagen, dass es eigentlich aus dem ganzen Schweinekopf bestehen sollte. Die Backen bilden dabei die schützende Fettschicht. Andere meinen, nur die Bäckchen sollten verwendet werden. Allerdings brauchen Sie hierfür Backen mit Haut und Fett, nicht nur die kleinen Fleischstücke, die gemeinhin als Schweinebäckchen verkauft werden. Wahrscheinlich ist es nicht so einfach, eine große Schweinebacke zu bekommen (geeignet sind auch nur die Backen bestimmter Rassen, die keine flachen Köpfe haben), aber es lohnt sich, danach zu suchen. Salpeter sorgt dafür, dass das Fleisch schön pink bleibt, aber auch das ist schwer zu bekommen – Sie können es auch weglassen.

FÜR 6–8 PERSONEN

1 Schweinebacke, ohne Knochen mit Haut und Fett, oder 1 Schweinekiefer mit Knochen und Zunge

ZUM EINSALZEN
500 g grobes Meersalz
2 TL schwarze Pfefferkörner, zerdrückt
1 EL Kristallzucker

ZUM EINLEGEN
2 l Wasser
300 g grobes Meersalz
200 g grober brauner Zucker oder Kristallzucker
½ TL Salpeter (optional)
2 Lorbeerblätter
3 Wacholderbeeren

Zum Einsalzen Salz, Pfefferkörner und Zucker vermischen. Einen Plastikbehälter bereitstellen, in den die Backe hineinpasst. Etwas Salzmischung hineinstreuen, die Backe hineinlegen und mit der restlichen Salzmischung bestreuen, sodass alles gut bedeckt ist. Mit einem Tuch abdecken und 2–3 Tage stehen lassen; nach 24 Stunden einmal wenden.

Zum Einlegen alle Einlege-Zutaten in einem großen Topf zum Kochen bringen, so lange rühren, bis Salz und Zucker sich aufgelöst haben, dann vollständig abkühlen lassen.

Die Backe in die kalte Flüssigkeit legen – sie muss ganz bedeckt sein – und an einem kühlen Ort mindestens 4 Tage stehen lassen, dabei jeden Tag umrühren. Wer möchte, kann sie auch bis zu 9 Tage stehen lassen. Die Backe herausnehmen und über Nacht in klarem Wasser einweichen.

Die Backe in einen großen Topf legen, mit kaltem Wasser bedecken und 2 Stunden sanft köcheln lassen, bis das Fleisch vom Knochen fällt, dabei den Schaum abschöpfen. In der Flüssigkeit etwas abkühlen lassen, dann vorsichtig die Haut abschneiden, alle Knochen und Knorpel entfernen und überschüssiges Fett abschneiden. Die Backe in Frischhaltefolie so einpacken, dass sie wie eine spitze Eiswaffel aussieht, und über Nacht kühl stellen.

Noch einmal erwärmen, in Scheiben schneiden und mit Saubohnen oder Erbspüree (siehe S. 131) und Kartoffelpüree servieren. Schmeckt auch kalt köstlich!

Senfnieren mit Pilzen

Ein schönes Abendessen, auf Toast oder mit Reis. Mit Worcestersauce oder Chili können Sie noch etwas mehr Pep hineinbringen – ansonsten ist es leckere Hausmannskost für einen gemütlichen Winterabend.

FÜR 4 PERSONEN

4 Schweinenieren
1 TL Pflanzenöl
2 TL Butter
Salz und Pfeffer
1 kleine Zwiebel, geschält und gehackt
150 g Pilze, in Scheiben geschnitten
105 g Crème double
2 TL Dijon-Senf

Die Nieren quer halbieren, die Hälften noch einmal längs halbieren und so viel wie möglich vom weißen Kernstück entfernen. Die Nieren in mundgerechte Stücke schneiden.

Das Pflanzenöl in einer großen Pfanne erhitzen und 1 Teelöffel Butter hineingeben. Die Nieren salzen und pfeffern. Nach und nach in die Pfanne legen, sodass sie rasch rundherum braun werden – das dauert 5 Minuten; man sollte noch etwas Blut sehen. Herausnehmen und beiseitestellen.

Die restliche Butter in die Pfanne geben, die Zwiebel darin weich dünsten. Die Pilze hinzugeben und bei stärkerer Hitze rasch weich dünsten. Die Crème double zugeben, den Senf einrühren und alles zum Kochen bringen. Die Hitze reduzieren, die Nieren wieder in die Pfanne geben und erwärmen, dann abschmecken und servieren.

Sülze

Sülze gehört seit Jahrhunderten zum Schweineschlachten dazu. Sie wird hauptsächlich aus dem Fleisch des Schweinekopfs gemacht, der meist zuerst eingesalzen wurde: Nach dem Schlachten mussten immer so viele Dinge gemacht werden, dass der Kopf zu warten hatte, bis der Sülzenmacher Zeit hatte. Die Köpfe heutiger Schweinerassen sind so groß, dass sie nicht in gewöhnliche Töpfe passen, aber wenn Sie es mit einer seltenen Rasse oder nur einem halben Kopf probieren, wird das Ergebnis Sie begeistern. Sülze ist ein preiswertes Essen, kann aber schön angerichtet werden, ist also ideal für Partys. Sie schmeckt zu Salat, mit Senf zu Toast oder mit Ofenkartoffeln. Frische Kräuter sind optional – Salbei ist in England gebräuchlich; ich selbst mag gern Petersilie. Sülze kann auch mit Chili, abgeriebener Zitronenschale oder Zitronensaft gewürzt werden – traditionell brauchte man für Sülze sämtliche Restgewürze auf. Es gibt kein Würz-Patentrezept!

1 Schweinekopf, halbiert oder ½ Kopf – bitten Sie Ihren Metzger darum, zu sägen statt zu hacken, um Knochensplitter zu vermeiden

1 Bund frischer Salbei oder frische Petersilie

3 Lorbeerblätter

2 TL schwarze Pfefferkörner

2 TL Meersalz

Zwiebelschalen (nur die äußeren, denn die Zwiebel selbst kann die Brühe gären lassen)

2 grüne Chilis mit Kernen (optional)

Salz und schwarzer Pfeffer

reichlich frische Petersilie oder frischen Salbei oder beides, gehackt

abgeriebene Schale oder Saft von 1 unbehandelten Zitrone (optional)

Den Kopf gut abschrubben, besonders rund um die Ohren, und alle eventuellen Knochensplitter entfernen. Das Gehirn vorsichtig herausziehen. Die Bäckchen können Sie für *bath chaps* verwenden (siehe S. 224).

Den Kopf mit den Salbei- oder Petersilienstängeln, Lorbeerblättern, Pfefferkörnern, Salz, Zwiebelschalen und ggf. Chilis in einen großen Topf legen und mit Wasser bedecken. Zum Kochen bringen, dann die Hitze reduzieren und das Ganze ohne Deckel etwa 4 Stunden sanft köcheln lassen, bis das Fleisch vom Knochen fällt. Schaum und andere Rückstände abschöpfen. Von Zeit zu Zeit ggf. etwas Wasser nachgießen.

Den Kopf im Topf etwas abkühlen lassen. Das Fleisch herausnehmen, die Flüssigkeit durch ein feines Sieb in einen sauberen Topf gießen und rasch aufkochen, um sie zu reduzieren (evtl. muss sie noch einmal durchgeseiht werden). Unterdessen das gesamte Fleisch von den Knochen entfernen, was leicht gehen sollte. Die Zunge abziehen und die raue Haut gemeinsam mit den Knochen und Augäpfeln entsorgen. Das Fleisch grob hacken – und so viel Haut und Fett, wie Sie möchten –, salzen und pfeffern. Wenn die Brühe gut eingekocht ist (etwa auf die Hälfte), den gehackten Salbei bzw. die Petersilie darin blanchieren – das konserviert. Die Kräuter und ggf. die Zitronenschale oder den Zitronensaft mit dem Fleisch vermengen und die Mischung in eine große Schüssel oder Terrinenform geben, dann die Brühe angießen, bis sie alles gerade bedeckt. An einen kühlen Ort stellen – aus der Flüssigkeit wird nach dem Erkalten ein fester Gelee.

Vor dem Servieren in heißes Wasser tauchen, damit sich die Sülze aus der Form löst, und stürzen. In der hübsch wackelnden Masse sind verschiedene Fleischstücke mit gesprenkelten grünen Flecken zu sehen. Die Sülze hält sich im Kühlschrank über 1 Woche, lässt sich aber nicht einfrieren, weil das Gelee dann wieder flüssig wird.

Hirnnahrung

Schweinehirn hat eine samtige, schmelzende Konsistenz und einen zarten Geschmack; in Frankreich und Italien isst man es gern, in England oder Deutschland findet man es weniger häufig. Aber wenn Sie einen ganzen Schweinekopf zur Sülzenherstellung haben, können Sie das Hirn ja gleich mit zubereiten – vielleicht als Belohnung für den Koch!

Hirn muss 1–2 Stunden in kaltem Wasser eingeweicht werden, dabei das Wasser ein- oder zweimal wechseln. Das Hirn dann etwa 15 Minuten in leicht köchelndem Wasser pochieren – mit einer Scheibe Zwiebel oder Schalotte und einem Lorbeerblatt. Mit Küchenpapier trocken tupfen, dann in zwei oder drei Stücke schneiden und in gewürztem Mehl wenden.

Je 1 Esslöffel Olivenöl und Butter in einem kleinen Topf erhitzen und das Hirn hineingeben, sobald die Butter schäumt. Auf mittlerer Stufe 3–4 Minuten dünsten, dabei wenden, bis es knusprig und goldbraun ist. Auf Küchenpapier abtropfen lassen und noch heiß verzehren, mit einem Spritzer Zitronensaft.

Faggots

Meine Schwiegermutter kann sich daran erinnern, wie ihre Mutter aus dem geschlachteten Familienschwein *faggots* machte, und sie hat das Rezept weitergegeben. Auch in Nordengland isst man *faggots* – dort oft mit Gagel gewürzt. Für die Zubereitung brauchen Sie ein Schweinenetz (siehe S. 207) – fragen Sie Ihren Metzger.

FÜR BIS ZU 10 PERSONEN

900 g Schweinebauch

900 g durchwachsener Speck

1 Schweineherz

250 g Schweineleber

je ¼ TL Muskatnuss und Ingwer, gemahlen

½ TL schwarzer Pfeffer

je 2 TL frischer Salbei, Majoran, Thymian und Gagel (falls erhältlich), gehackt

1 Zwiebel, geschält und gehackt

550 g frische braune Semmelbrösel

3 große Eier, leicht verquirlt

1 Schweinenetz

etwas Schweine- oder Hühnerbrühe

Fleisch und Innereien hacken, Gewürze, Kräuter und Zwiebel zugeben und alles im Fleischwolf zu einer groben Hackmasse verarbeiten. Die Semmelbrösel untermischen und die Masse mit den Eiern binden. Zu kleinen Bällchen formen.

Den Backofen auf 190 °C vorheizen.

Das Schweinenetz in Wasser einweichen, dann ausbreiten und in Quadrate schneiden, die groß genug sind, um die Fleischbällchen darin einzuwickeln. Die Bällchen einwickeln und in eine Bratenform oder auf ein tiefes Backblech setzen, etwas Brühe hinzugießen, damit sie nicht austrocknen, und im Ofen etwa 1 Stunde garen.

BUTTERY ROWIES

FÜR 16 STÜCK

½ EL Trockenhefe
1 EJ brauner Zucker
350 ml warmes Wasser
500 g Mehl
1 Prise Salz
200 g Butter
100 g Schmalz

Das traditionelle Frühstücksgebäck aus Aberdeen. Es ähnelt einem Croissant, aber ich finde es noch viel leckerer! Ich habe einmal auf einer Party die Nacht durchgemacht und am Morgen eine Ladung *buttery rowies* gebacken. Als der köstliche Duft durchs Haus zog, wurden alle schlafenden Partygäste wieder munter.

Die Hefe mit dem Zucker und ein wenig warmem Wasser mischen, um sie aufzulösen, dann 10 Minuten an einen warmen Ort stellen, bis sich kleine Blasen gebildet haben. Mehl und Salz in einer großen Schüssel mischen, in die Mitte eine Vertiefung drücken. Dort hinein die Hefe mit dem Rest des Wassers gießen. Zu einem glatten Teig verkneten, mit einem sauberen Küchentuch abdecken und an einem warmen Ort etwa 1 Stunde gehen lassen, bis sich das Volumen verdoppelt hat.

Butter und Schmalz zu einer Creme verrühren und in 3 Teile teilen. Die Creme sollte streichfähig sein, aber nicht flüssig.

Den aufgegangenen Teig so kneten, dass er wieder etwas zusammenfällt, dann zu einem 1 cm dicken Rechteck ausrollen. Ein Drittel der Buttermischung auf zwei Dritteln des Teigs verstreichen. Das restliche Teigdrittel über die Butter falten, dann das Ganze noch einmal falten, sodass 3 Lagen entstehen. Die Kanten gut zusammendrücken. Auf Originalgröße ausrollen und noch einmal wie zuvor in Drittel falten, diesmal ohne die Butterschicht. An einem kühlen Ort mindestens 40 Minuten ruhen lassen. Die Prozedur inklusive Ruhezeit noch zweimal wiederholen, bis die Buttermischung verbraucht ist.

Den Teig wieder zu einem 1 cm dicken Rechteck ausrollen und in 16 Quadrate schneiden. Rundherum jeweils die Ecken nach innen falten, sodass kantige Kreise entstehen, dann auf ein Backblech legen. Mit einem trockenen Tuch bedeckt 45 Minuten gehen lassen.

Den Backofen auf 200 °C vorheizen. Die Rowies 15 Minuten backen, bis sie goldbraun und blättrig sind. Mit Butter und Orangen- oder Himbeermarmelade servieren.

BRITISH BREAKFAST

Das klassische britische Frühstück umfasst erstaunlich viele Teile des Schweins: Speck, Wurst, Blutwurst und Nieren. Würstchen und Blutwurst unterscheiden sich von Region zu Region. Tatsächlich ist ein *Full English Breakfast* für den Koch nicht die einfachste Mahlzeit, denn es besteht aus vielen verschiedenen Köstlichkeiten, die alle auf den Punkt gebraten werden müssen. Ein Sekt mit Orangensaft kann den Anfang machen, gefolgt von einem Teller Porridge, und dann vielleicht dem Fleisch. Die *devilled kidneys* eignen sich auch als Abendessen.

Am besten halten Sie alle Bestandteile des Frühstücks vor dem Servieren im Backofen auf niedriger Stufe warm – dafür eignet sich ein tiefes Backblech.

Würstchen

Hier halte ich es mit Nigel Slater: Würstchen
sollten langsam gegart werden. Er brät sie in einer
Pfanne auf niedriger Stufe mit etwas Schmalz
an, legt dann den Deckel auf und gart sie weitere
30–40 Minuten. Am Ende hat man eine dunkle,
saftige Wurst, aber es müssen gute Würstchen
mit einem ordentlichen Fettanteil sein.

Sie können sie auch unter dem Grill bräunen, das
aber dann vor dem Speck, und etwas weiter von
der Wärmequelle entfernen, da sie keine direkte
Hitze brauchen wie der Speck. Auf diese Weise
werden die Würstchen vermutlich weniger fettig.
Im Ofen warm halten.

Blutwurst

Eine dicke, große Blutwurst kann aufgeschnitten und gegrillt werden (dabei zuerst die Pelle
einschneiden, damit man sie nach dem Grillen
besser abziehen kann). 5 Minuten grillen, dann
wenden und weitere 3 Minuten grillen. Die
kleinen, runden Blutwürste werden am besten
als Ganzes im Ofen bei 190 °C 10 Minuten
gegart. Danach im Ofen warm halten.

Speck

Egal, welche Art von Speck es ist: Er sollte
gegrillt werden, damit er überschüssiges Fett
verliert. Der Grill sollte schon heiß sein, die
Speckstreifen dürfen sich beim Grillen nicht
überlappen. 3–4 Minuten grillen, dann wenden.
Zum Schluss im Ofen warm halten.

Nun das Frühstück zusammenstellen und
genießen!

Devilled kidneys
(viktorianisches Nierengericht)

Die Zwiebel in der Butter weich dünsten, dann den Senf einrühren. Die Nieren darin auf höchster Stufe anbraten, dann die Hitze reduzieren, den Deckel auflegen und alles 4 Minuten köcheln lassen.

Den Deckel wieder abnehmen, die Hitze erhöhen, würzen und den Brandy dazugeben, bis er blubbert. Mit gehackter Petersilie bestreut heiß servieren.

FÜR 4 PERSONEN

½ Zwiebel, geschält und gehackt
25 g Butter
½ Tl. Dijon-Senf
2 Schweinenieren, geviertelt, Haut und Röhrchen entfernt
Salz und Pfeffer
1 EL Brandy
frische Petersilie, gehackt, zum Servieren

French Toast

FÜR 6 SCHEIBEN

3 Eier
1 EL Milch
Salz
300 g Butter
6 Scheiben Weißbrot
Marmelade zum Servieren
(optional)

Die Eier mit der Milch und dem Salz in einer großen Schüssel verquirlen. Ein wenig Butter in einer Pfanne schmelzen. Das Brot in die Eiermischung tauchen, bis es vollgesogen ist. Kurz über der Schüssel abtropfen lassen, dann in die heiße Pfanne legen. Nicht zu viele Scheiben gleichzeitig in die Pfanne legen. Nach 3 Minuten sollte die eine Seite goldbraun sein; wenden und die andere Seite bräunen. Herausnehmen und warm stellen. Weitere Scheiben braten; ggf. mehr Butter hinzugeben. Mit Marmelade bestrichen servieren.

Schweineleber mit Zitrone und Honig

Dieses Rezept basiert auf einer Idee meiner Mutter. Die Zutaten sollten alle schon vor dem Garen vorbereitet sein, weil dann alles sehr schnell geht. Wer möchte, legt die Leber vorher in Milch ein, um den manchmal starken Geschmack ein wenig abzumildern. Die Streifen sollten alle ähnlich dick sein, damit sie gleichzeitig gar werden.

FÜR 2–4 PERSONEN

450 g Schweineleber, geputzt und in dünne Streifen geschnitten
2 EL Mehl, mit Salz und Pfeffer gewürzt
2 TL Pflanzenöl
25 g Butter
Saft von 1 Zitrone
1 EL Honig

Eine schwere Pfanne heiß werden lassen. Die Leber im gewürzten Mehl wenden und überschüssiges Mehl abklopfen. Öl und Butter in die Pfanne geben; wenn die Butter zu schäumen anfängt, die Leber hineingeben und rasch rundherum bräunen. Herausnehmen und warm halten.

Überschüssiges Fett aus der Pfanne gießen, dann den Zitronensaft und den Honig hineingeben, bis sie aufkochen. Die Leber wieder in die Pfanne geben und in der Sauce wenden, dann sofort mit Reis und einem Salat servieren.

CASSOULET

Man kann kein Buch über „Alles vom Schwein" zusammenstellen, ohne ein Rezept für *cassoulet* mit hineinzunehmen. Doch sobald man sich auf dieses Gebiet wagt, kommen schon die Puristen aus allen Ecken und suchen nach Fehlern. *Cassoulet* ist ein Gericht aus dem französischen Languedoc. Dort wird es überall gekocht, von Carcassonne bis Toulouse und irgendwo in der Mitte in Castelnaudary, und natürlich gibt es je nach Ort Variationen: welche Art von Bohnen, ob nur Schwein hineinkommt oder auch Lamm, Gans oder Ente. Hauptsächlich geht es aber um den Geschmack, den die gute Brühe und das lange Garen bei niedriger Temperatur kreieren sollen.

Ich habe beschlossen, Ihnen zwei Rezepte zu liefern. Das eine basiert auf der traditionellen Methode und enthält Lamm (oder, noch besser, Hammel), aber weder Gans noch Ente, weil ich finde, dass deren Textur in diesem Gericht verloren geht. Das andere ist eine vereinfachte Version, und mit der fangen wir jetzt an.

Falsches Cassoulet

Bei diesem Rezept können Sie schauen, was Sie gerade vorrätig haben: Die Entenkeulen können durch Fasan oder andere Wildvögel ersetzt werden (die Brüste können Sie dann für ein anderes Gericht nehmen), der Schweinebauch durch gewürfelte Schweineschulter oder auch Lamm. Die Knoblauchwurst kann durch ein Stück Salami, eine Wurst aus Ihrer Gegend oder ein grob gehacktes Schinken-Endstück ersetzt werden – oft geben diese Endstücke viel Geschmack, selbst wenn Sie sie gar nicht essen, sondern vor dem Servieren herausnehmen.

FÜR 4 PERSONEN

200 g getrocknete weiße Bohnen

4 Entenkeulen

400 g Schweinebauch

Salz und Pfeffer

2 EL Schmalz

1 große Zwiebel, geschält und gehackt

2 Möhren, geschält und gewürfelt

1 große Stange Lauch, geputzt, gewaschen und gewürfelt

3 Knoblauchzehen, geschält und zerdrückt

1 Lorbeerblatt

800 g Tomaten aus der Dose

1 TL Tomatenmark

200 g gepökelte Knoblauchwurst

Petersilie, gehackt, zum Servieren

Das Cassoulet 2 Tage im Voraus vorbereiten (und 20–30 Minuten vor dem Servieren wieder erwärmen). Die Bohnen in kaltem Wasser durchspülen, nach kleinen Steinen absuchen. Über Nacht in kaltem Wasser einweichen.

Am nächsten Tag den Backofen auf 230 °C vorheizen.

Die Bohnen abtropfen lassen und in einem Topf mit kaltem Wasser bedecken. Zum Kochen bringen, auf kleiner Flamme 30 Minuten köcheln lassen.

Unterdessen die Entenkeulen und den Schweinebauch salzen und pfeffern, mit dem Schmalz in eine Bratenform geben und im Ofen 30 Minuten garen, dabei zweimal mit Eigenfett übergießen. In einen Schmortopf legen. Die Bohnen abtropfen lassen und auf das Fleisch geben.

Zwiebel, Möhren und Lauch im Fett des gebratenen Fleischs bräunen – dazu entweder in die Fleisch-Bratenform geben und 10 Minuten in den heißen Ofen stellen, oder das Fett in eine Pfanne gießen und sie dort hineingeben. Dann zusammen mit Knoblauch, Lorbeerblatt, Tomaten, Tomatenmark und Wurst in den Schmortopf geben, knapp mit Wasser bedecken. Den Deckel auflegen und zum Kochen bringen. Die Ofentemperatur auf 190 °C reduzieren. Den Schmortopf in den Ofen stellen und das Cassoulet 3 Stunden garen, gelegentlich umrühren und darauf achten, dass es nicht austrocknet – ggf. noch etwas heiße Brühe angießen.

Wenn alles gar ist, Schweinebauch und Wurst herausnehmen und in Stücke schneiden. Wieder in den Topf geben und erwärmen, um die richtige Textur zu bekommen: eine dicke Sauce. Großzügig mit gehackter Petersilie bestreuen.

Traditionelles Cassoulet

Nach alter Sitte kommt vor einem Cassoulet nichts auf den Tisch, aber dazu können Sie einen grünen Salat servieren und viel knuspriges Brot. Auch dieses Cassoulet müssen Sie am Tag, bevor Sie es essen wollen, ansetzen, und auch hier können Sie die Knoblauchwurst durch ein Stück Salami oder andere Wurst ersetzen.

FÜR 4–6 PERSONEN

450 g getrocknete weiße Gartenbohnen

FÜR DEN FOND
1,5 kg Lammknochen
3 EL Tomatenmark
2 l heiße Schweine- oder Hühnerfond (siehe S. 249)
frisches *Bouquet garni*
350 ml trockener Weißwein

FÜR DAS FLEISCH
450 g Lamm- oder Hammelfleisch ohne Knochen, aus
  der Keule

450 g Schweineschulter
2 EL Mehl, mit Salz und Pfeffer gewürzt
3–4 EL Gänse- oder Schweineschmalz
1 oder 2 Schweinefüße (optional)
2 Zwiebeln, geschält und gehackt
2 Möhren, geschält und gewürfelt
12 Knoblauchzehen, geschält, 10 zerdrückt, 2 in dünne
  Scheibchen geschnitten
frisches *Bouquet garni*
115 g *Petit salé* (siehe S. 189) oder dicke, ungeräucherte
  Speckstreifen
400 g Knoblauchwurst
400 g Tomaten aus der Dose, gehackt
Salz und Pfeffer

Zuerst den Fond herstellen. Dazu den Backofen auf 230 °C vorheizen. In einer Bratenform die Knochen mit dem Tomatenmark vermischen und 45 Minuten im Ofen rösten; für eine gleichmäßige Bräunung gelegentlich wenden. Die Knochen in einen Suppentopf legen, Brühe und *Bouquet garni* hinzugeben. Die Bratenform auf den Herd stellen, etwas Wein hineingießen und kurz aufkochen, um den Bratensatz loszukochen. Zusammen mit dem restlichen Wein in den Suppentopf gießen; ggf. mit Wasser aufgießen – die Knochen müssen gerade bedeckt sein. Zum Kochen bringen; Schaum und Rückstände abschöpfen, dann die Hitze reduzieren und den Fond einige Stunden einkochen lassen. Über Nacht abkühlen lassen.

Die Bohnen gründlich mit kaltem Wasser durchspülen, nach kleinen Steinen absuchen. Über Nacht in kaltem Wasser einweichen.

Am Tag selbst (falls Sie nicht das ganze Cassoulet einen Tag vor dem Servieren machen wollen) das Fett vom Fond abschöpfen und den Fond durch ein Sieb gießen. Knochen und Kräuter entsorgen.

Das Lamm-/Hammel- und Schweinefleisch in 4 cm große Würfel schneiden und mit dem gewürzten Mehl bestäuben. 1 Esslöffel des Schmalzes in einer großen Sauteuse auf mittlerer Stufe erhitzen und das Fleisch darin rasch bräunen – portionsweise, damit die Pfanne nicht zu voll wird. Das Fleisch in einen großen Schmortopf gegen.

Die Schweinefüße mit dem gewürzten Mehl bestäuben, ebenfalls bräunen und in den Schmortopf geben.

Die Zwiebeln und die Möhren in der Sauteuse leicht anbräunen (ggf. mehr Fett zugeben); ganz zum Schluss den zerdrückten Knoblauch zugeben, der nicht anbrennen darf. Auch das Gemüse in den Schmortopf geben, dann

FORTSETZUNG TRADITIONELLES CASSOULET

den Bratensatz in der Sauteuse mit ein wenig Fond loskochen. Die Bohnen abtropfen lassen und mit dem restlichen Fond und dem *Bouquet garni* in den Schmortopf geben. Zum Kochen bringen, das *Bouquet garni* in die Flüssigkeit drücken. Die Hitze reduzieren und das Cassoulet auf niedriger Stufe 1 $^1/_2$ Stunden köcheln lassen, bis das Fleisch zart ist. Es darf nicht kochen, denn dadurch könnte es zäh werden.

Wenn alles gar ist, den Fond in eine große Schüssel abseihen und abkühlen lassen, dann entfetten. Die Kräuter entsorgen und Lamm/Hammel, Schwein, Bohnen und Gemüse wieder in den Schmortopf geben. Wenn alles etwas abgekühlt ist, die Schweinefüße sowie Fett, Haut und Knochen des Fleischs entfernen und die Fleischstücke wieder in den Topf geben.

Wasser in einem Topf zum Kochen bringen. Den Speck in kurze Streifen schneiden und 2 Minuten darin blanchieren. Abgießen und in kaltem Wasser abschrecken, dann in den Schmortopf geben. Die Knoblauchwurst und die Tomaten dazugeben, vorsichtig rühren, damit die Bohnen und das Fleisch nicht zerfallen.

Den geschnittenen Knoblauch hinzugeben, dann gerade so viel Fond darüber gießen, dass alles bedeckt ist. Noch 1 Stunde auf niedriger Stufe köcheln lassen; ggf. Fond nachgießen, damit das Cassoulet nicht zu trocken wird. Am Ende soll eine mitteldicke Sauce entstanden sein, die Bohnen und Fleisch überzieht und weder dick wie ein Püree noch dünn wie eine Suppe ist.

Die Wurst herausnehmen, in 1 cm dicke Scheiben schneiden und wieder in den Topf geben. Mit Salz und Pfeffer abschmecken. Den Topf auf den Tisch stellen und das Cassoulet in Schalen servieren.

Schweinefüße nach kastilischer Art

Die Franzosen sind nicht die Einzigen, die mit Schweinefüßen kochen: Hier ist ein spanisches Gericht, das noch aus den Tagen des maurischen Reiches stammt.

FÜR 4 PERSONEN

4 Schweinefüße, am besten
  von den Vorderbeinen,
  längs gespalten
1 Zwiebel, geschält und mit
  4 Nelken gespickt
1 Knoblauchzehe, geschält
2 Möhren, geschält und
  gehackt
3 Lorbeerblätter
3 EL Schmalz
1 Zwiebel, geschält und
  fein gehackt
1 Knoblauchzehe, fein
  gehackt
1 EL Mandeln, grob gehackt
1 EL Mehl
125 ml trockener Weißwein
1 TL Paprikapulver, rosen-
  scharf
Salz und Pfeffer

Die Füße gründlich waschen, dann mit der ganzen Zwiebel, Knoblauch, Möhren und 1 Lorbeerblatt in einen Topf geben. Mit Wasser bedecken und zum Kochen bringen, dann salzen und pfeffern. Schaum und Rückstände abschöpfen, dann den Deckel auflegen und das Ganze 2–3 Stunden köcheln lassen, bis das Fleisch fast vom Knochen fällt. Die Füße herausnehmen und mit Alufolie abgedeckt beiseitestellen. Den Kochsud abseihen und beiseitestellen.

Das Schmalz in einem anderen Topf erhitzen, die gehackte Zwiebel und den Knoblauch darin auf niedriger Stufe weich dünsten. Mandeln und Mehl einrühren und anbräunen. Den Wein und 500 ml des Kochsuds angießen, ständig rühren, damit keine Klümpchen entstehen. Die restlichen 2 Lorbeerblätter zugeben und alles mit Paprika, Salz und Pfeffer abschmecken, dann 10 Minuten köcheln lassen.

Die Füße in den Topf geben, auf niedriger Stufe weitere 20 Minuten köcheln lassen. Mit Reis oder Nudeln servieren. Schmeckt auch sehr gut aufgewärmt am nächsten Tag.

4 Schweinefüße, am besten
    von den Vorderbeinen,
    gründlich gewaschen
    und von der Ferse bis zur
    Zehe paarweise mit Garn
    zusammengebunden
200 ml Weißwein
200 ml Weinessig
6 Nelken
2 Lorbeerblätter
1 Zweig Majoran
4 TL Zucker
2 TL Salz
$^{1}/_{2}$ TL Ingwerpulver
2 Knoblauchzehen, geschält
    und zerdrückt
frische Semmelbrösel
Salz und Pfeffer

Die Füße in einen ofenfesten Topf mit Deckel legen.

Alle weiteren Zutaten bis auf die Semmelbrösel zugeben und knapp mit Wasser bedecken. Zum Kochen bringen, den Schaum abschöpfen, den Deckel auflegen und das Ganze auf niedriger Stufe 8 Stunden köcheln lassen; ggf. mehr Wasser zugeben. Sie können das Ganze auch ebenso lange im Ofen bei 140 °C garen.

Leicht abkühlen lassen, dann einen Teller auf die Schweinefüße legen, um sie ein wenig zusammenzupressen – so behalten sie nach dem Abkühlen ihre Form. Vollständig auskühlen lassen: Sie werden eine wunderbare Gelatine produzieren.

Die Füße aus der Gelatine nehmen, das Garn entfernen und die Füße vorsichtig voneinander trennen. Mit Semmelbröseln bestäuben und dann aufwärmen: Dazu entweder auf höchster Stufe einige Minuten in die Mikrowelle legen (Mathieus Methode) oder für 30 Minuten in den 190 °C heißen Backofen legen und dann unter dem heißen Grill rasch bräunen. Unterdessen die Gelatine erhitzen, bis sie flüssig wird, und durch ein feines Sieb streichen. Die Füße mit etwas von der durchgeseihten Flüssigkeit servieren.

Alternativ können Sie im *Hôtel Le Cheval Rouge* in Ste Menéhould essen gehen.

Pied de Cochon Ste Menéhould

Für mich ist dies ein ganz besonderes Rezept, denn mein Nachname – Trotter – ist die englische Bezeichnung für „Schweinefuß". Schweinefüße aß ich zum ersten Mal, kurz bevor ich meine Stelle im *Hôtel Anthon* in Obersteinbach im Elsass antrat. Auf dem Weg dorthin übernachtete ich in Ste Menéhould im Hotel, und die dortige Spezialität war eben dieses Gericht. Es war einfach köstlich, und man konnte alles mitessen, selbst die Knochen. 30 Jahre später, auf einer Reise mit meinem Sohn, übernachteten wir im gleichen Hotel, wo der jetzige Koch, Mathieu Fourreau, das Gericht noch immer zubereitet. Er war so nett, mir sein Rezept zu verraten – das Geheimnis ist der Essig: Er zersetzt die Knochen der Schweinefüße, sodass man alles essen kann.

Pork Pie (Schweine-fleischpastete)

Die britischste aller herzhaften Pasteten; besonders die Gegend um Melton Mowbray (siehe S. 223) ist dafür berühmt. Die besondere rosa Farbe der Füllung entsteht durch den Sardellenextrakt. Der traditionelle *pork pie* aus Melton Mowbray wird ohne Form von Hand hochgezogen – das erfordert Erfahrung, welche sich durch die Übung einstellt. Für Ihren ersten Versuch können Sie eine Springform benutzen. Es ist wichtig, dass Sie sich beim Zubereiten Zeit lassen – aber die ganze Arbeit lohnt sich. Statt Kalbshaxe können Sie auch nur die gespaltenen Schweinefüße verwenden, die ebenfalls einen schönen gelatineartigen Fond ergeben.

FÜR 10–12 PERSONEN

1 kg Schweineschulter
225 g Schinken
je 1 TL Salz und weißer
  Pfeffer, gemahlen
je 4 Salbeiblätter und Majo-
  ranzweige, fein gehackt

FÜR DEN FOND/DIE
  GELATINE
2 Schweinefüße, gespalten
1 Kalbshaxe (optional)
Schweineohren und
  Schweineschwanz
  (optional)
1 frisches *Bouquet garni*:
  1 frische Salbei-, Majo-
  ran- und Petersilienzweige
  sowie
1 Lorbeerblatt
1 Zwiebel, geschält und mit
  5 Nelken gespickt
1 EL Sardellenextrakt

FÜR DEN TEIG
600 g Mehl
1/2 TL Salz
250 g Schmalz
200 ml Wasser
1 Ei, verquirlt

Am besten am Vortag beginnen. Die Schweineschulter sollte frei von Knorpeln sein. In 1–2 cm große Würfel schneiden. Den Schinken durch den Fleischwolf drehen, mit Salz, Pfeffer und Kräutern zum Fleisch geben und gut vermengen. Über Nacht ruhen lassen, damit sich die Aromen entfalten können.

Auch der Fond/die Gelatine kann am Vortag gemacht werden. Alle Fond-Zutaten bis auf das Sardellenextrakt in einem großen Topf mit kaltem Wasser bedecken. Zum Kochen bringen, den Schaum abschöpfen und auf niedriger Stufe 3 Stunden köcheln lassen. Durch ein Sieb streichen, dann die Flüssigkeit auf dem Herd kochen und auf 600 ml reduzieren. Den Sardellenextrakt zugeben, dann durch ein feines Sieb streichen.

Für den Teig Mehl und Salz in eine tiefe Schüssel geben, in die Mitte eine Vertiefung drücken. Schmalz und Wasser in einem Topf zum Kochen bringen und in die Vertiefung gießen. Mit einem Holzlöffel zu einer glatten Paste verrühren, einige Minuten durchkneten und 15 Minuten an einem warmen Ort ruhen lassen.

Den Backofen auf 200 °C vorheizen. Boden und Seiten einer Springform mit geöltem Backpapier auslegen.

Zwei Drittel des Teigs etwa 1 cm dick ausrollen, damit die Springform auskleiden, gut an Boden und Seiten andrücken. Darein die Fleischmischung geben. Das restliche Teigdrittel zu einer passenden Teighaube ausrollen, ein kleines Loch in die Mitte stechen und auf die Füllung legen. An den Rändern gut zusammendrücken, dann die Pastete mit einem Teil des Eis bestreichen und 30 Minuten im Ofen backen. Die Temperatur auf 160 °C reduzieren und weitere 1 1/2–2 Stunden backen, bis der Fleischsaft, der beim Anstechen in der Mitte austritt, klar ist.

Die fertige Pastete 15–20 Minuten ruhen lassen, dann die Springform vorsichtig öffnen und das Backpapier entfernen. Die Seiten der Form mit dem restlichen Ei bestreichen, wieder um die Pastete legen und im Ofen noch einmal 15 Minuten backen, um den äußeren Rand zu bräunen. Die Pastete etwa 1 Stunde abkühlen lassen – sie ist dann immer noch etwas warm. Die Gelatine sanft aufwärmen und mithilfe einer kleinen Kanne und eines Trichters in das Loch im Teigdeckel gießen, bis sie fast die Oberkante erreicht. Fest werden lassen, dann kalt stellen.

Speckchips

Bis auf das Quieken wird tatsächlich kein Teil des Schweins außer Acht gelassen. Selbst die Schwarte kann, wenn sie nicht schon mit einer Schweineschulter mitgekocht oder als knusprige Kruste eines Bratens verzehrt wurde, als Speckchips sehr lecker schmecken: salzig, knusprig und durstig machend. Speckchips können Sie auf mehrere Arten zubereiten – hier sind zwei davon. Das Wichtigste ist, sie zu salzen, um die Feuchtigkeit zu entziehen, und sie dann zu braten. Die Schwarte von einem 1,5–2 kg schweren Stück Schweinerücken oder Schweinelende ergibt genug Speckchips für 8 Leute.

FÜR 8 PERSONEN

Schweineschwarte (von einem 1,5–2 kg schweren Stück Schweinerücken oder Schweinelende)
feines Meersalz

Die Schwarte rundherum mit Salz bestreuen, dann in 2 cm breite Streifen schneiden. Auf ein Gitter über einem Tablett legen und an einem kühlen Ort 24–48 Stunden ruhen lassen.

Danach haben Sie dann die Wahl zwischen Frittieren und Rösten:

Frittieren

Die Schwartenstücke trocken tupfen – inzwischen sollten sie etwas Feuchtigkeit abgegeben haben. Pflanzenöl in einer Fritteuse oder einem Topf auf 170 °C erhitzen (ein kleiner Brotwürfel sollte darin in 40 Sekunden braun werden). Die Stücke in das Öl geben und knusprig frittieren. Auf Küchenpapier abtropfen lassen und mit etwas Meersalz bestreut servieren.

Rösten

Wie oben trocken tupfen, dann im heißen Backofen (240 °C) 30 Minuten rösten. Die Temperatur auf 160 °C reduzieren und die Stücke goldbraun und knusprig rösten – das könnte weitere 40 Minuten dauern.

Fond

Ein guter Fond ist für viele Gerichte die wohl wichtigste Grundlage, denn Sie können daraus großartige Suppen, Saucen, Eintöpfe oder Schmorgerichte machen. Ohne Fond gäbe es die große europäische Küche nicht, und all die Topfgerichte in diesem Buch basieren auf den Aromen, die durch das langsame Garen von Knochen und Gemüse entstehen.

Sie brauchen also Knochen – der Metzger hat immer welche übrig, aber ggf. müssen sie vorbestellt werden. Bitten Sie ihn, sie klein zu zerhacken, damit Sie mehr Oberfläche für Farbe und Geschmack haben. Rücken-/Lendenknochen und Haxen sind am besten, aber die Haxenknochen müssen gut klein gehackt werden, da dies zu Hause nicht so einfach ist. Ein Schweinefuß ist auch geeignet; sein gelatineartiger Saft bringt Substanz in den Fond. Nehmen Sie so viele Knochen, wie in Ihren größten Topf passen – die unten genannte Menge passt in eine sehr große Bratenform. Für mich ist Schweinefleischfond – nach Hühnerfond aus einer gebratenen Hähnchen-Karkasse – am einfachsten zu machen.

ERGIBT ETWA 1 LITER

1 kg Schweineknochen, in kleine Stücke gehackt
1 Schweinefuß, gespalten (optional)
2 Zwiebeln, geschält (die Schalen aufbewahren) und gehackt
2 Möhren, geschält und gehackt
2 Selleriestangen, gehackt
einige Stängel Petersilie
1 Zweig Thymian
1 Lorbeerblatt

Den Ofen so heiß wie möglich vorheizen. Die Knochen und ggf. den Fuß in eine Bratenform legen und im Ofen 15 Minuten bräunen, dabei alles ein- oder zweimal wenden. Knochen und Fuß in einen großen Topf geben; das Fett in der Bratenform aufbewahren. Das Gemüse in die Bratenform geben und mit dem Fett überziehen. Im heißen Ofen etwa 15 Minuten bräunen.

Unterdessen die Knochen im Topf mit kaltem Wasser bedecken und langsam zum Siedepunkt bringen. Gelegentlich den Schaum abschöpfen. Die Kräuter und das gebräunte Gemüse zusammen mit den Zwiebelschalen dazugeben. Etwa 4 Stunden köcheln lassen, gelegentlich den Schaum abschöpfen.

Leicht abkühlen lassen, dann durch ein Sieb gießen und vollständig abkühlen lassen. Ist der Fond kalt, das Fett von der Oberfläche entfernen. Die goldene Flüssigkeit hält sich im Kühlschrank bis zu 1 Woche oder kann eingefroren werden.

Zum Gebrauch kochen, um den Fond zu reduzieren, und ggf. den Geschmack zu intensivieren. Es sind weder Salz noch Pfeffer enthalten – die können Sie im entsprechenden Moment selbst hinzufügen.

Tomatensauce

Ein wahrhaft gefährliches Terrain: Jeder Koch hat sein oder ihr eigenes Tomatensaucenrezept, und das hier ist meins. Es hat sich über die Jahre entwickelt, seit meinen Tagen in den Küchen des Londoner *Savoy Hotels*, dessen ursprünglicher Chefkoch Auguste Escoffier es war, der laut der großen Food-Autorin Elizabeth David die Idee hatte, Tomaten einzudosen. Ich bilde mir also ein, dass der Geist dieses großen französischen Kochs in meiner Sauce weiterlebt. Statt der Dosentomaten können Sie auch frische verwenden, aber nur ganz reife.

ERGIBT ETWA 850 ML

2 El. Olivenöl

1 große Zwiebel, geschält und gehackt

1 Stange Sellerie, gehackt

1 Möhre, geschält und gehackt

1 kg frische reife Tomaten, grob gehackt, oder 800 g Eiertomaten aus der Dose, gehackt

1 Knoblauchzehe, geschält und zerdrückt

1 Lorbeerblatt

1 Thymianzweig

1 Streifen Orangenschale

Salz und Pfeffer

Das Olivenöl in einer schweren Pfanne erhitzen, Zwiebel, Sellerie und Möhre darin sanft weich dünsten, aber keine Farbe annehmen lassen (etwa 15 Minuten).

Die Tomaten und eine Tomatendose voll Wasser (bzw. 125 Milliliter Wasser bei frischen Tomaten) hinzugeben. Knoblauch, Kräuter, Orangenschale, Salz und Pfeffer zugeben und alles auf niedriger Stufe 30 Minuten köcheln lassen, dabei etwas Wasser zugeben, falls die Sauce zu fest wird.

Die Sauce durch ein Sieb streichen, um die Kräuterstückchen und Kerne zu entfernen. Sie hält sich abgedeckt 1 Woche im Kühlschrank.

Madeira-Sauce

Dies ist eine klassische Sauce, die gut zu gegartem Schinken passt. Sie können dafür entweder Fond nehmen (siehe S. 249) oder den Kochsud des Schinkens, solange er nicht zu salzig ist.

ERGIBT 300 ML.

1 EL Butter
4 Schalotten, geschält und fein gehackt
2 kleine Möhren, geschält und fein gehackt
2 Tl. Mehl
6 EL Madeira
1 Tl. Tomatenmark
600 ml heißer Fond (siehe S. 249)
Salz und Pfeffer

Die Hälfte der Butter in einem kleinen Topf zerlassen, die Schalotten und die Möhren darin leicht anbräunen. Das Mehl hinzugeben und das Ganze ein paar Minuten mit bräunen. 3 Esslöffel Madeira und das Tomatenmark zugeben und so lange rühren, bis die Mischung trocken wird. Den Fond einrühren und zum Kochen bringen, dann den Schaum abschöpfen und die Sauce auf die Hälfte reduzieren.

Ganz zum Schluss den restlichen Madeira hinzugeben und einen Stich kalte Butter unterschlagen. Jetzt darf die Sauce nicht mehr kochen. Abschmecken, durch ein Sieb gießen und servieren.

Sauce gribiche

Eine tolle Begleitung zu kaltem Schinken und anderem kaltem Fleisch wie Sülze oder Schweinebäckchen (siehe S. 228 und 224). Es ist eine Art Mayonnaise, aber ohne die Emulsion mit rohen Eiern, und es gab sie möglicherweise schon im antiken Rom. Als ich im *Connaught Hotel* in London unter der Ägide des großen Kochs Michel Bourdin arbeitete, hielt er die Sauce immer bereit, denn die Gäste bestellten sie häufig – und zu den merkwürdigsten Speisen.

ERGIBT ETWA 300 ML

1 EL Dijon-Senf
2 EL Estragonessig
Salz und Pfeffer
250 ml warmes Erdnussöl
2 EL Kapern, ausgedrückt
  und grob gehackt
2 TL frische Estragonblät-
  ter, gehackt
1 TL frische Petersilie,
  gehackt
nur das Eigelb von 5 hartgekochten Eiern, durch
  ein Sieb gestrichen

Den Senf mit dem Essig sowie Salz und Pfeffer nach Geschmack in einen Standmixer geben und mixen, dann bei laufendem Motor nach und nach das warme Öl dazugeben. Bevor alles Öl verbraucht ist, kurz unterbrechen, abschmecken und etwas warmes Wasser zugeben, falls die Mischung sehr dick wird – sie sollte dünner sein als Mayonnaise, aber doch etwas Textur haben. In eine Schüssel gießen, die restlichen Zutaten einrühren. Geschmack und Textur überprüfen, ggf. mehr Wasser oder Öl zugeben.

Wie bei Mayonnaise ist es wichtig, dass das Öl warm ist, denn das erleichtert das Mischen der Bestandteile.

Teig

Der Teig für Pasteten wird am besten mit Schmalz angerührt, und auch ein Mürbeteig wird mit Schmalz besser. Wer möchte, kann auch Schmalz und Butter mischen, aber das Fett sollte immer halb so viel wiegen wie das Mehl.

500 g Mehl
250 g kaltes Schmalz, in Stücke geschnitten
1 TL Salz

Alle Zutaten in einer Küchenmaschine zu einer krümeligen Masse verarbeiten, die an Semmelbrösel erinnert. Etwa 6 Esslöffel kaltes Wasser dazugießen und weiterrühren, bis sich eine Teigkugel formt; ggf. mehr Wasser zugeben, aber nicht zu lange rühren. Der Teig lässt sich direkt verarbeiten oder kann eingewickelt und gekühlt werden.

Skirlie

Diese traditionelle schottische Beilage schmeckt besonders gut zu Schweinebraten, aber auch zu Wildgeflügel.

FÜR 4 PERSONEN

50 g Butter
1 mittelgroße Zwiebel, geschält und fein gehackt
125 g mittelfeine Haferflocken
Salz und Pfeffer

Die Butter in einem Topf zerlassen, die Zwiebel darin auf niedriger Stufe weich dünsten und leicht bräunen. Das Hafermehl einrühren, würzen und auf niedriger Stufe 10 Minuten köcheln lassen.

Schmalzkuchen

Mein Großvater lebte in Wiltshire, und meine Tante – seine älteste Tochter – wohnte bei ihm, um sich um den alten Herrn zu kümmern. Von Schottland fuhr ich oft mit meiner Mutter in den Ferien dorthin, damit meine Tante mal frei hatte. Ich freute mich immer, wenn wir beim örtlichen Bäcker einen triefenden Schmalzkuchen *(lardy cake)* kauften. Den wärmten wir zu Hause im Ofen, und erst, wenn wir unsere Sandwiches gegessen hatten, durften wir eine Scheibe des fettigen Kuchens haben. Ich erinnere mich daran, wie das Fett mir über die Lippen lief und wie ich schnell über meine Unterlippe leckte, damit auch ja nichts davon verloren ging.

FÜR EINEN 20 CM GROSSEN, QUADRATISCHEN KUCHEN

500 g Weißbrotteig (siehe gegenüberliegende Seite)

175 g kaltes Schmalz, in kleine Würfel geschnitten

175 g gemischte Trockenfrüchte

50 g gemischtes Orangeat und Zitronat

175 g Zucker

1 Prise Muskat, Zimt oder Piment

Den Teig zu einem großen Rechteck ausrollen, die oberen zwei Drittel mit je einem Drittel Schmalz, Obst, Orangeat/Zitronat und Zucker sprenkeln. Das untere Drittel in die Mitte falten, dann noch einmal nach innen falten. Die Ränder fest mit einer Teigrolle zusammendrücken, dann den Teig um 90° drehen. Den Vorgang zweimal wiederholen, beim letzten Mal das Gewürz dazugeben. Den Teig so ausrollen, dass er in eine gefettete runde Backform mit 23 cm Durchmesser oder eine 20 cm große quadratische Form passt. An einem warmen Ort 30 Minuten gehen lassen.

Den Backofen auf 190 °C vorheizen. Den Kuchen darin etwa 45 Minuten backen. Noch heiß auf einen Teller stürzen und in saftige Quadrate schneiden.

Weißbrot

Es gibt kaum etwas Appetitlicheres als den Duft von frisch gebackenem Brot. Verwenden Sie es für ein Speck- oder Wurstsandwich oder servieren Sie es zu Rillettes oder einer Terrine.

500 g Mehl
2 TL Salz
2 TL Trockenhefe
1 TL brauner Zucker
275 ml warmes Wasser
1 EL Pflanzenöl

Das Mehl mit dem Salz in eine große Schüssel geben und an einen warmen Ort stellen.

Unterdessen die Hefe, den Zucker und etwa die Hälfte des warmen Wassers in einen Krug geben. Gut umrühren, damit sich die Hefe auflöst. Mit einem Tuch abgedeckt etwa 10 Minuten an einen warmen Ort stellen, bis sich kleine Blasen gebildet haben.

Dann die Hefe zum Mehl gießen und mit dem restlichen Wasser und dem Öl mischen. Von Hand oder mit den Knethaken des Mixers verkneten. Der Teig sollte glatt und feucht sein, aber nicht an den Händen kleben. Zu einer kleinen Kugel formen und in eine leicht geölte Schüssel legen, mit einem Tuch abdecken und an einem warmen Ort gehen lassen, bis der Teig sein Volumen verdoppelt hat.

Den Teig noch einmal einige Minuten kneten, dann in eine gut geölte Kastenform geben oder auf ein geöltes Backblech legen. Mit einem Tuch abdecken und nochmals 30–40 Minuten gehen lassen, bis der Teig „aufgebläht" aussieht.

Den Backofen auf 200 °C vorheizen. Das Brot darin etwa 20–30 Minuten tief goldbraun backen. Um zu testen, ob es fertig ist, den Laib auf ein Kuchengitter legen und gegen den Boden klopfen: klingt es hohl, ist das Brot fertig, wenn nicht, muss es weitere 5 Minuten in den Ofen.

SCHWEIN AM SPIESS

Das Schwein im Ganzen braten

„Ich will ein Schweinchen, und ein recht appetitliches,
in den feuerknisternden Ofen thun; denn welch Gericht
könnt' einem Biedermanne lieber sein denn dieß?"

Aischylos, griechischer Dichter, um 525– 56 v. Chr.

Man weiß nicht, wann Menschen zum ersten Mal ein Schwein gebraten
haben, obwohl sich um dieses Ereignis viele Legenden ranken. In Europa
wurde das Tier wohl ursprünglich auf einen grünen Zweig gespießt
und über dem offenen Feuer gebraten. Im Zuge der Entwicklung der
Menschheit wurden Mahlzeiten zu Ritualen; das Braten eines ganzen
Schweins war der Inbegriff des Überflusses und Wohlstandes. Ein junges
Schwein wurde dabei schneller gar und war immer schön saftig und zart.

Ein Spanferkel (mittelhochdeutsch *spen* = Zitze) ist ein junges Schwein,
das noch gesäugt und im Alter von 2–6 Wochen geschlachtet wird. Sein
Fleisch und sein Fett haben einen milderen, zarteren Geschmack als ein
ausgewachsenes Schwein.

Im antiken Griechenland wurden Ferkel vor dem Schlachten mit
Traubenmost gemästet. *Koiridion* (ein mit Kräutern gefülltes, gegrilltes
Spanferkel) war ein Gericht für besondere Gelegenheiten. Die Römer
pflegten das Ferkel in Olivenöl, Salz und Gewürzen zu marinieren (am
liebsten in Pfeffer und Kreuzkümmel) oder zu entbeinen und mit einer
Mischung aus Fleisch, Geflügel, Gemüse oder Obst und Gewürzen zu
füllen, bevor sie es am Spieß brieten. Dabei wurde die Haut goldbraun
und knusprig, und damit das Ferkel nicht anbrannte, wurde es in Papyrus
gewickelt, bis es gar war.

Mit verschiedenen Kombinationen aus Fleisch, Kräutern und Gewürzen gefüllte Spanferkel waren auch wichtiger Bestandteil mittelalterlicher Festgelage. Taillevent (1310–1395), Koch am französischen Hof, beschrieb 1373 in seinem Kochbuch *Le Viandier* sehr detailliert, wie man *pourcelet farci* machen sollte – ein mit Käse, Eigelb, gehacktem Schweinebraten, Kastanien und Gewürzen gefülltes Spanferkel, das zugenäht und an einem Spieß am Feuer gebraten wurde. Die zarte Haut musste dabei häufig mit Essig, Öl und Salz bestrichen werden, damit sie keine Blasen bekam und nicht verbrannte.

Im 17. Jahrhundert wurde dem gebratenen Ferkel oft die Haut abgezogen; das Fett wurde mit einer Mischung aus Gewürzen, Semmelbröseln und Zucker bestrichen, sodass eine knusprige Kruste entstand.

Nach einem italienischen Rezept aus dem 18. Jahrhundert ist das Ferkel mit gebratenen Aalen, Knoblauch, Kräutern und Fenchelsamen zu füllen und am Spieß mit Öl und Wasser zu bestreichen. Das gegarte Fleisch aß man mit einer Sauce aus Anchovisöl und Pistazien.

In England schrieb Charles Lamb in seiner „Abhandlung über Schweinebraten" (*A Dissertation Upon Roast Pig*, 1822): „Schweinebraten, lasst mich sein Loblied anstimmen, ist nicht weniger ein Anreiz auf den Appetit, als er der kritischen Natur des wählerischen Gaumens eine Befriedigung ist." Der gefeierte Tagebuchschreiber Samuel Pepys meinte, es gebe „nichts Besseres für Verdauung und Geist als eingelegte Austern, ein gebratenes Ferkel und ein gutes, schweres Ale".

Auch Mrs Beeton gab in ihrem berühmten *Book of Household Management* (1861) Anweisungen für das Zubereiten eines Spanferkels. Es sollte nicht älter als 3 Wochen sein. Nach dem Flämmen wurden Borsten und Innereien entfernt, Ohren und Nasenlöcher gründlich gewaschen, dann das ganze Ferkel. Die Füße wurden abgeschnitten, dann wurde das Tier gefüllt, mit Butter oder Öl eingerieben und gebraten.

In allen Schweinefleisch essenden Kulturen isst man am Spieß gebratene Schweine immer noch gern, allerdings meist nur noch bei besonderen Feiern. Das bekannteste italienische Spanferkel heißt *porchetta*: ein entbeintes, ganzes Ferkel wird mit Kräutern und Gewürzen aromatisiert und stundenlang am Spieß gegart. Man findet es häufig auf Jahrmärkten und Festivals.

Das sardische *porceddu* wird traditionell in einem mit aromatischen Kräutern ausgelegten und mit Steinen beschwerten Erdofen gegart. Ein Feuer brennt mehrere Stunden, bevor das Schwein daraufgesetzt und erst mit heißen Kohlen, dann mit Myrtenzweigen und dann mit Erde bedeckt wird. Die Banditen, die einst die einsamen Gegenden Sardiniens bewohnten, gingen nach dieser Methode vor. Bei einer anderen Methode entfachte man ein Feuer mit aromatischen Hölzern wie Wacholder, Myrte, Olive und Erdbeerbaum. Das Schwein wurde an einen langen Stock gebunden, den man vor dem Feuer in den Boden rammte. War das Schwein gar, musste es mit Myrtenzweigen bedeckt 30 Minuten ruhen, bevor man es anschnitt.

Spanier und Portugiesen lieben ihr Spanferkel (*cochinillo* bzw. *leitão*). Das spanische *cochinillo* ist eine Spezialität der Provinzen Segovia und Avila. Dafür wird ein Ferkel verwendet, das noch gesäugt wird, nie frei herumgelaufen und nicht älter als einen Monat ist. Die säugende Sau wird mit Roggen, Hafer, Kohl und Kartoffeln gefüttert. Die Ferkel werden beim Metzger und auf Märkten angeboten und fallen durch ihre weiche, wächserne Haut auf. Sie werden mit viel Knoblauch und Kräutern langsam gegart, wodurch die Fettschicht mit dem zarten, saftigen Fleisch verschmilzt. Das traditionelle kastilische *cochinillo asado* ist ein in einer großen Steingutform gebratenes, 4 Wochen altes Ferkel.

In Portugal heißt ein gebratenes Spanferkel *leitão assado* und ist eine Spezialität der im Zentrum von Portugal gelegenen Stadt Mealhada. Typische Beilagen sind ein knackiger grüner Salat, Orangenscheiben und Bratkartoffeln.

Das deutsche *Spanferkel* wird beim Münchner Oktoberfest und anderen Festlichkeiten serviert. Auch in Osteuropa gibt es Spanferkel bei Festen und Familienfeiern. In Georgien ist Spanferkel *(gochi)* ein beliebtes Silvesteressen; die knusprigen Ohren bekommt der wichtigste Gast.

In Polen war ein Spanferkel *(prosię pieczone)* traditionell das Herzstück der Ostertafel *(święconka)* und der Bankette des polnischen Adels. Es wurde mit Kräutern gefüllt, mit Öl oder Butter bestrichen und gebraten. Die rohe Kartoffel, die man ihm in die Schnauze steckte, wurde nach dem Braten durch einen Apfel ersetzt – und an Ostern steckte dort ein bemaltes Osterei *(pisanka)*.

In der Karibik nennt man ein ganzes Schwein, das mit Gewürzen bestrichen langsam über einem Feuer gart, *jerked pork*. *Jerk* war ursprünglich eine Methode der indianischen Völker der Kariben und Arawak (die die karibischen Inseln vor der Ankunft der Spanier im 15. Jahrhundert bewohnten), Fleisch zu trocknen und zu konservieren. Die Methode wurde später von den Maroons (früheren westafrikanischen Sklaven in Jamaika) verfeinert, die Wildschweine großzügig mit Chili würzten, bevor sie sie stundenlang über dem Holz des Pimentbaumes saftig garten.

Jerk ist möglicherweise eine englische Verfälschung des Wortes *charqui*, der spanischen Bezeichnung für Trockenfleisch. Es könnte aber auch von *jerking* kommen, dem Anstechen des Fleischs mit scharfen Gegenständen,

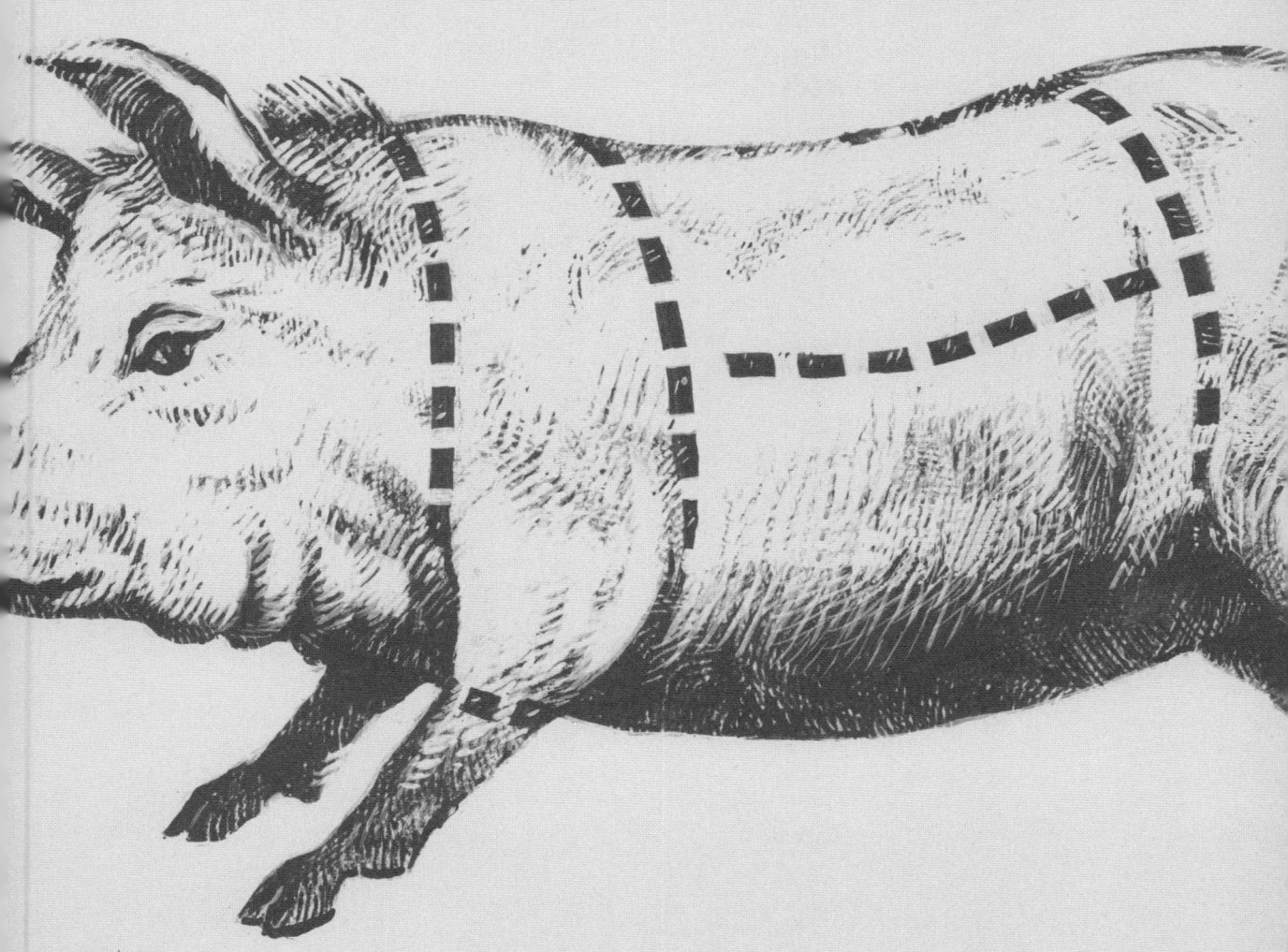

um die entstandenen Löcher mit der Gewürzmischung zu füllen. Traditionell wurde dafür ein ganzes Schwein verwendet; heute 'jerkt' man auch Hühnchen und Fisch. Jede Familie hat ihr eigenes *jerk*-Rezept, aber drei Zutaten sind immer dabei: Piment, Thymian und Scotch-Bonnet-Chilis (sehr, sehr feurig und scharf – ohne die Schärfe ist es einfach kein *jerk*, obwohl man auch mildere Chilis nehmen kann).

Auf Kuba wird das ganze Schwein in Bitterorangen- und/oder Limettensaft, Salz, Knoblauch und Oregano mariniert und traditionell an Neujahr aufgetischt. Wie auch beim hawaiischen *luau* (Festessen) wird das Schwein mit Bananenblättern bedeckt und im Erdofen gegart.

In den Südstaaten der USA sind Schweine am Spieß schon lange beliebt; in Großbritannien sind sie erst in den letzten Jahrzehnten populär geworden – besonders bei Landwirtschaftsschauen, großen Märkten und besonderen Festen.

SPANFERKEL GRILLEN

SO WIRD'S GEMACHT

Ich habe schon viele Schweine am Spieß gebraten – nicht nur die bei den Italienern so beliebten Stücke, sondern auch ganze Schweine. Ob Sie ein 5–6 kg schweres Spanferkel oder ein 80 kg schweres Tier, das 150 Leute satt macht, zubereiten wollen: Ein im Ganzen gebratenes Schwein ist eine weltweit bekannte Tradition und sieht bei jedem Fest toll aus, erfordert aber etwas Vorbereitung. Hier sind ein paar Tipps!

Das Schwein

Was den Preis angeht, so kann es schwierig sein, etwas zu finden, das in Ihr Budget passt: Wollen Sie ein Spanferkel kaufen, nimmt der Bauer dafür meist genauso viel Geld wie für ein größeres Ferkel, da Ferkel ihr Gewicht binnen Wochen verdoppeln können. Es könnte also recht teuer werden. Achten Sie auch darauf, dass es dann wirklich ein Ferkel ist, das noch gesäugt wird und höchstens 9 kg wiegt.

Das Equipment

Am einfachsten ist es, einen elektrischen, mit Gas betriebenen Drehspießgrill zu mieten. Inzwischen liefern viele Firmen diese Grills sogar inklusive Schwein bis zu Ihrer Haustür. Wenn Sie deren Anweisungen befolgen, können Sie nicht viel falsch machen – Sie sollten nur sichergehen, dass Sie dann auch das Schwein bekommen, das Sie möchten (lieber eine seltene Rasse als eines aus Massentierhaltung).

Für ein kleineres Schwein könnten Sie auch Ihre eigene Feuerstelle bauen und entweder einen manuellen Drehspieß kaufen, den Sie neben das Feuer stellen und von Hand drehen, oder einen elektrischen. In jedem Fall müssen Sie sehr lange dabeistehen!

Die Vorbereitung

Der elektrische Gasgrill stellt kein Problem dar – man schließt ihn an, heizt ihn auf und das war's. Wenn Sie eine Feuerstelle graben, welche für das Aroma des Fleischs die bessere Wahl ist, sollte sie länger sein als das Schwein und so breit, dass eine konstant gleichbleibende Hitze unter dem ganzen Schwein gewährleistet ist. Außerdem muss der Spieß so lang sein, dass das ganze Schwein gut darauf Platz findet, denn auch der Kopf muss gut durchgebraten werden: Viele mögen besonders die gegrillten Ohren.

Graben Sie Ihre Feuergrube 15 cm tief, etwa 60 cm breit und lang genug für das Schwein. Machen Sie ein großes Feuer aus gut abgehangenem, trockenem Holz. Sobald das Feuer ein wenig runtergebrannt und nur noch heiß ist, stecken Sie Ihr Schwein an den Spieß, nachdem Sie es dressiert haben, und stellen den Spieß an. Knackt und knistert das Schwein und nimmt Farbe an, wird es gut gegrillt. Aber es ist am sichersten, einige Fleischthermometer zur Hand zu haben: Die Hitze unter dem Schwein sollte immer etwa 120 °C betragen, die Temperatur des fertig gegarten Fleischs an der dicksten Stelle bei etwa 63 °C liegen. Dazu ein Thermometer in die Keule oder Schulter stecken und einige Minuten stecken lassen.

Wenn das Feuerholz gut war, sollte das Feuer bis zu 2 Stunden lang eine ordentliche Hitze halten können. Wenn Holz nachgelegt werden muss, sollte das vorsichtig geschehen, denn hochschlagende Flammen könnten das Ferkel anbrennen lassen.

Was die Vorbereitung des Schweins angeht: Wenn Sie einen Grill gemietet haben, befolgen Sie einfach die Anleitung des Vermieters. Sie könnten das Tier marinieren, aber wenn Sie ein schönes Exemplar einer seltenen Rasse gekauft haben, braucht es nur ein wenig Vorbereitung am Vortag: Die Schwarte des Schweins sollte mit einem scharfen Cuttermesser rundherum eingeschnitten werden, vom Rücken über Bauch, Schultern und Keulen. In die 2 cm voneinander entfernt liegenden Schnitte grobes Salz und Weinessig einarbeiten. Am nächsten Tag, kurz vor dem Grillen, das überschüssige Salz abbürsten.

Dressieren

Während des Garens löst sich das Fleisch ein wenig und könnte vom Spieß fallen, deshalb muss es dressiert (zusammengebunden) werden. Der Spieß sollte zwischen den Schenkeln durch das Innere des Schweins (direkt unter der Wirbelsäule) und durch das Maul wieder heraus führen. Kopf, Schultern und Beine mit Küchengarn oder Draht miteinander verbinden, sodass sie am Spieß bleiben. Überhängendes Garn abschneiden, da es sonst verbrennt.

Die Garzeiten

Die Garzeit hängt u.a. von der Temperatur der Flammen und der Entfernung des Spießes vom Feuer ab. Im Allgemeinen dauert es 1 Stunde, bis das Feuer heiß genug ist und das Schwein darüber gehängt werden kann, danach etwa 15–20 Minuten pro Pfund. Für ein 5–6 kg schweres Ferkel, von dem bequem 6–8 Menschen satt werden, benötigt man also 3 $^1/_2$–4 $^1/_2$ Stunden.

Das Servieren

Bei einem ganzen Schwein ist die Ruhephase wichtig. Ist das Schwein gar, bleibt es noch eine ganze Weile heiß; lassen Sie es ruhig gut eine halbe Stunde ruhen, bevor Sie es anschneiden.

Sie können das Schwein direkt am Spieß anschneiden, aber sicherer fühlen Sie sich wahrscheinlich, wenn Sie es auf ein Tablett oder ein Brett legen und in Ruhe anschneiden. Das Fleisch sollte sich leicht vom Knochen lösen lassen. Beginnen Sie an der Hüfte und arbeiten Sie sich dann weiter zu den Keulen und Schultern vor.

REGISTER

LITERATUR

BIANCHI, Anne, *Italian Festival Food* (1999)

BREARS, Peter, *Cooking and Dining in Medieval England* (2008)

DAVIDSON, Alan, *The Oxford Companion to Food* (2006)

DOMINÉ, André, *Culinaria Frankreich: Französische Spezialitäten* (2008)

FISHER, M.F.K, *The Art of Eating* (1988)

GARAVINI, Daniela, *Das Schwein. 90 traditionelle Rezepte der bekanntesten Küchenchefs Italiens* (1999)

HARTLEY, Dorothy, *Food in England* (2009)

HUTCHINS, Sheila, *English Recipes* (1967)

LUARD, Elisabeth, *European Peasant Cookery* (2007)

MASON, Laura/Brown, Catherine, *The Taste of Britain* (2006)

METZGER, Christine, *Culinaria Deutschland: Deutsche Spezialitäten* (2008)

MONTAGNE, Prosper, *Larousse Gastronomique* (2001)

PIRAS, Claudia, *Culinaria Italien: Italienische Spezialitäten* (2008)

QUALE, Eric, *Old Cook Books* (1978)

ROSENGARTEN, David (mit Joel Dean und Giorgio Deluca), *The Dean and Deluca Cookbook* (1996)

TRUTTER, Marion, *Culinaria Espana: Spanische Spezialitäten* (2004)

WATSON, Lyall, *The Whole Hog* (2004)

Meine Helden des Kochbuchs

Nigel Slater

Sybil Kapoor

Fergus Henderson

Die Ladys vom River Café, besonders Rose Gray in memoriam

Simon Hopkinson

Anthony Demetre

DANKSAGUNG

Christopher Trotter

Vielen Dank an Anova Books und Katie Deane, die meine Idee in die Tat umgesetzt haben, und an Georgie für das schöne Layout. Und natürlich vielen Dank an Carol Wilson (auf dass wir noch viele schöne Bücher zusammen schreiben) und an meine Familie für ihre Unterstützung und ihre Geduld bei dem vielen Schweinefleisch auf dem Speiseplan. An den außergewöhnlichen Schweinebauern Tom Mitchell. An Bruce Bennett bei Pillars of Hercules, der interessante Mitarbeiter beschäftigt, die mich inspirierten. An Jenny White vom Myres Castle, die mir erlaubte, mit den Schweinen zu „spielen". An David Naylor für die vielen Gespräche über Schweine und Rezepte. An die Rezepttesterin Maggie, und vor allem an die Schweine selbst, diese so zivilisierten wie intelligenten Tiere: Sorgen wir dafür, dass die Schweine, die wir essen, ein schönes Leben hatten.

Carol Wilson

Ich danke den vielen Metzgern, Schweinebauern und Fleischproduzenten, die mir viele nützliche Auskünfte geben konnten, ganz besonders Andrew Holt von der Real Lancashire Black Pudding Company, Emmett's of Peasenhall und der Melton Mowbray Pie Association.

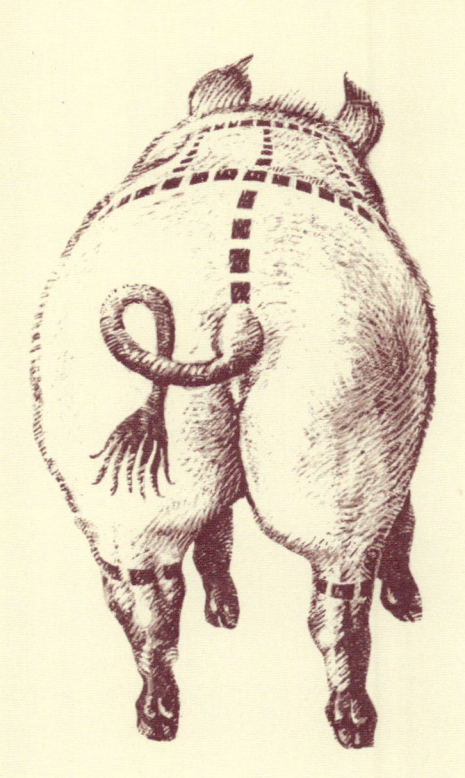